아동학대와 방임을 종식하는 신앙 공동체를 준비하다

옮긴이 **배 성 민**

학습컨설팅 〈바꾸다〉를 운영하며 학습고민을 풀려고 노력한다. 대학원에서 철학을 공부한다. 옮긴 책으로는 『기독교, 교실에 말걸다』『누가 포스트모더니즘을 두려워하는가』『유기적 공동체』『우리는 왜 아플까』『광기』『다윈의 경건한 생각』 등이 있다.

도서출판 대장간은
쇠를 달구어 연장을 만들듯이
생각을 다듬어 기독교 가치관을
바르게 세우는 곳입니다.

대장간이란 이름에는
사라져가는 복음의 능력을 되살리고,
낡은 것을 새롭게 풀무질하며, 잘못된 것을
바로 세우겠다는 의지가 담겨져 있습니다.

www.daejanggan.org

상처받아 마땅한 아이는 없다

지은이	진 하더 Jeanette Harder
옮긴이	배성민

초판발행	2012년 7월 29일
펴낸이	배용하
책임편집	배용하

등록	제364-2008-000013호
펴낸곳	도서출판 대장간
	www.daejanggan.org
등록한곳	대전광역시 동구 삼성동 285-16
편집부	전화 (042) 673-7424
영업부	전화 (042) 673-7424 전송 (042) 623-1424

ISBN	978-89-7071-298-7

 값 10,000원

상처받아 마땅한 아이는 없다

진 하더 지음

배성민 옮김

Let the Children Come

Preparing Faith Communities to End Child Abuse and Neglect

Jeanette Harder

차례

부록

서문

아동 학대와 방임을 막으려면 신앙 공동체는 무엇을 준비해야 할까?

오늘도 아이들은 방임되고 학대받아 상처입고 죽어간다. 교회는 지금 여기서는 그런 일이 일어나지 않는다고 믿으려 하지만, 통계와 경험은 그런 일이 벌어진다고 말한다. 이 책에서 나는 성서와 신앙을 기반으로 삼아, 기독교인과 신앙 공동체가 온갖 인간집단에서 벌어지는 아동 학대와 방임을 끝장내기 위해 자신들이 맡은 과제가 무엇인지 말할 것이다. 교회와 기독교인은 아이를 보호하고 가족을 강하게 하기 위해 어떤 과제를 맡았는지 생각해보라고 말하고 싶다.

이 책에서 나는 기독교인이 아이의 안전과 복지에 관심을 가져야 한다고 말할 것이다. 교회 교사들은 이 책으로 성인 주일학교를 열어 아동 학대와 방임을 끝내기 위해 신앙 공동체가 어떤 역할을 맡았는지 가르칠 수 있다. 교단 차원에서는 이 책을 통해 의식을 일깨우고 아동 학대와 방임을 막는 훈련을 실시할 수 있다.

아동 학대와 방임을 다룬 책 가운데 교회에서 쓸만한 책은 거의 없다. 지금 나와 있는 책들은 주로 성적 학대를 다루며, 성적 학대를 견디고 살아남은 성인을 위한 치료법을 다룬다. 아동 학대에서 교회를 보호하기 위한 정책을 제안한 책도 있다.

일단 나는 아동 학대와 방임을 모두 다루었다. 방임과 신체 학대, 감정 학대, 성적 학대까지 탐구했다. 나는 이 문제를 여러 차원에서 다루었다.

말하자면, 신앙 공동체에 속한 우리는 삶의 모든 현장에서 아이를 보호하는 역할을 맡고 있다. 교회만 이런 책임을 맡은 것은 아니다. 가족과 이웃, 확대가족, 학교, 일터 등이 모두 이런 과제를 맡았다.

미국과 캐나다에서는 아동 학대와 방임의 유형과 통계가 자료로 나와있다.

각 장에는 실제사건과 토의질문, 행동지침이 있다. 내가 제시한 행동지침은 일단 제안이다. 당신의 삶에서는 이런 지침이 적절하지 않을 수 있다. 일단 내가 제시한 행동지침이 미심쩍다면, 목사나 교회 리더에게 조언을 구하라. 혹시 당신이 아이를 학대하고 방임하여 아이에게 상처를 준 이력이 있다면, 아이와 소통하는 활동에는 절대 참여하지 마라. 이 책을 교재로 사용하는 방법과 기도문, 연습, 자주 하는 질문 등이 부록에 있다.

이 책에서 사용하는 용어를 조금은 설명해야겠다. 이 책에서 말하는 교회는 구조를 갖춘, 신자들의 모임을 가리킨다. 신앙 공동체는 다소 느슨한 용어다. 신앙 공동체는 교회안에 있는 신자 개인과 교회에 모인 신자들의 모임을 모두 가리킨다. 우리는 인간으로서 여러 공동체에 속해있다. 가족과 교회, 확대가족, 친구, 이웃, 일터에서 우리는 산다. 이런 모든 공동체에서 우리는 아이를 보호할 책임을 지고 있다.

아동 학대와 방임을 끝낸다는 문구는 도발적이거나 예언처럼 들릴 수 있겠다. 나와 당신이 살아있을 때 아동학대와 방임이 뿌리 뽑히는 것을 눈으로 확인하지 못해도, 아동학대와 방임을 끝장내는 것을 목표로 정하고 싶다. 우리 아이들을 위해 더 안전한 세상을 만들려면, 먼저 아이들이 안전하게 거주하는 세상을 마음으로 그려보아야 한다.

나는 이 책에서 '우리' 아이들을 자주 언급할 것이다. 우리 아이들이라고 해서 내가 키우는 자식만을 뜻한다고 생각하면 안된다. 그런 뜻으로 쓴 경우는 거의 없다. 나는 우리가 키우는 모든 아이들을 생각하며 우리 아이들이란 말을 사용했다. 우리 사회는 모든 아이를 보호할 책임을 진다.

아동보호 전문가는 아동학대가 일어날 수 있는 가족과 학대를 받을 수 있는 아이를 위해 일하는 전문 직업인을 뜻한다. 아동보호 전문가 가운데, 상담사와 변호사, 정책 입안자, 사례 심사관리자도 있다. 아동보호 전문가 가운데 신앙 공동체에 속한 사람도 많다.

나는 사례를 많이 소개했고 이 사례들은 대부분 실화에서 가져왔다. 하지만 이름과 상황은 모두 바꿨다. 이미 알려진 사례이고 당사자에게 허락을 받은 일부 사례에서는 이름을 밝혔다.

독자는 왼쪽에 있는 그림을 이 책에서 계속 보게 될 것이다. 이 그림은 신앙 공동체가 아동학대와 방임을 어떻게 끝낼 수 있는지 잘 보여준다. 행동이 바뀌지 않는다면 새로 얻은 지식도 우리의 목표를 달성하는데 충분하지 않을 것이다. 야고보서 2장 17절에서 우리가 배웠듯이, "**믿음만으로 부족하다.** 믿음이 선한 행실을 낳지 않는다면, 믿음은 죽은 믿음이며 쓸모없는 것이다."

하나님께 감사하세

아이는 우리에게 기쁨이다. 아이는 우리에게 웃음을 준다. 아이는 우리에게 새로운 삶과 모험을 가져온다. 아이는 우리 안에 있는 아이를 데려온다. 그래서 우리는 아이와 함께 반딧불을 잡고 풍선을 던지며 물방울을 만든다. 아이는 우리에게 작지만 큰 일을 감사하게 한다. 아이는 우리에게 질문을 하면서 삶과 신앙을 새롭게 생각하도록 초대한다.

아이는 우리에게 커다란 책임감으로 다가온다. 아이는 너무나 쉽게 상처를 입는다. 아이에게 때때로 상식이 없다. 아이에게 우리가 필요하다. 우리는 아이를 보호하고, 가장 기본적 필요를 항상 채워주어야 한다. 옷과 음식, 거주지, 안전함을 수년 간 아침 저녁으로 아이에게 제공해야 한다. 아플 때 돌보고 교육도 해야 한다. 뜨거운 그릇에 손이 닿지 않게 하고 길을 건널 때 손을 잡아주어야 한다. 어른으로서 아이를 기를 때 우리는 이런 책임을 진다.

많은 아이가 자신을 돌볼 책임이 있는 사람에게서 매일 상처를 받는다. 참 슬픈 일이다. 일부 아이는 자신과 가장 가까운 사람에게 살해당하기도 한다. 도무지 생각조차 하기 힘든 일이다. 솔직히 이런 짓은 아예 생각하지 않는 것이 좋다. 그러나 지금도 아이는 상처받는다. 상처받는 아이에게도 이름이 있다. 어여쁜 눈도 있고, 좋아하는 아이스크림도 있다. 그러나 이들은 학대를 당하고 방임되어 해맑은 눈빛을 잃는다. 이들은 이제 사람을 믿지 않는다. 그래서 자신을 계속 사랑하면서 상처를 주지 않는 사람은 이제 없을 거라고 믿는다. 아이에게 우리가 필요하다. 아이를 보호하고 소중하게 여기며 생기를 다시 불어넣어줄 사람이 필요하다.

기독교인인 우리는 예수의 가르침을 따르라는 부름을 받는다. 마태복음 22장 37절-39절에 보면, 예수는 "네 마음을 다하고, 목숨을 다하고, 네 뜻을 다하여 주 너의 하나님을 사랑하라"고 우리에게 명령하신다. 그리고 예수는 계속 이렇게 명령하신다. "네 이웃을 네 몸과 같이 사랑하라." 우리의 생활이 이루어지는 가족과 교회, 사회에 있는 아이도 우리의 "이웃"이다. 우리는 아이를 보호하기 위해 최선을 다해야 하며 아이가 제대로 자라도록 물심양면으로 돌보아야 한다.

가정과 지역사회에서 아이가 방임되고 학대를 당한다는 현실을 과감하게 직시해야만, 보호해야 할 아이와 도움이 필요한 가족이 눈에 보일 것이다. 주일학교에 나오는 4세 여자아이는 인지능력이 성숙하지 않아서 가정에서 당하는 학대를 제대로 설명하지 못할 것이다. 당신은 그 아이가 남긴 단서를 알아볼 수 있어야 한다. 일상적 학급활동에 참여하지 않고, 목에 멍이 있으며, 대소변을 제대로 가리지 못하고, 집에 가지 않으려 하는 것이 단서가 될 수 있다. 당신이 탁아소에서 일한다면, 11개월된 유아가 보여주는 사소한 사실을 볼 수 있어야 한다. 자주 기침을 하고, 제대로 서지 못하며, 옷이 더럽다면, 그것은 양육자가 유아를 물질적으로 돌보지 않는다는 표시다. 12살 소녀가 매일 당신 집 앞에서 자전거를 타고 있다면, 소녀는 당신에게 도움을 구하고 있는 것이다. 소녀는 이복형제가 한밤 중에 자신에게 한 짓을 말해줄지 모른다.

기독교인이자 신앙공동체인 우리는 아이를 학대와 방임에서 보호하고 가족을 견고하게 만들어야 한다. 이 일을 잘 감당하도록 돕는 것이 이 책의 목적이다. 먼저 아동학대의 주요 유형을 살펴볼 것이다. 예를 들어, 방임과 정서학대, 신체학대, 성적 학대가 있다. 그리고 학대와 방임의 징후와 요인을 인지하는 법을 배우고, 아동을 보호하고 가족을 지지할 때 우리가 어떤 역할을 하는지 살펴볼 것이다. 아이와 가족을 도울 때, 기독교인으로서 우리가 맡은 역할이 있고 교회가 맡은 역할이 있다. 성서와 신앙을 두루 살피면서 우리와 교회가 어떤 역할을 맡게 될지 알아볼 것이다.

우리 가운데, 어릴 때 학대를 당한 사람도 있다. 우리도 아이에게 상처를 주며, 화가 나서 혼란스럽거나, 자신이 느낀 감정을 아예 피해버리기도 한다.

아이가 우리에게서 비슷한 학대나 방임을 당하지 않도록 보호하는 것도 이 책의 목적이다. 이 책을 읽을 때, 당신에게도 기억과 감정이 떠오를지 모른다. 당신이 치료를 받고 있다면, 치유의 과정에 있다면, 전문가에게 도움을 구하라. 당신이 이제 아이를 도울 준비가 되었다면, 아이를 보호할 때 사용하는 도구를 이 책에서 발견하게 될 것이다.

1장

당신은 아동학대와 방임을 오해했다
: 오해 몰아내기

자식은 하나님이 주신 선물이요, 하나님이 주신 상급이다.시127:3

아동학대와 방임은 무척 큰 문제다. 2008년 미국에서는 3백7십만 이상의 아동이 아동보호국Child Protective Services: CPS의 조사를 받거나 사정을 받았다. 7십7만2천명이 넘는 아동이 학대와 방임의 피해자로 입증되었다.[1] 이들은 조사받은 아동의 21%다. 나머지 아동의 경우, 학대라고 규정하기에 증거가 충분하지 않았다. 2003년 캐나다에서도 217,319명의 아동을 조사했는데, 47%인 103,297명의 아동이 학대 피해자로 입증되었다.[2] 이 결과는 퀘벡을 제외하고 조사한 결과이다.

아동학대와 방임은 예방할 수 있는 사고이다. 전혀 신고되지 않은 학대와 방임은 이미 알려진 사례보다 훨씬 위험하다. 이런 학대와 방임을 당하는 아이들은 도움을 받지 못한 채 안전도 보장받지 못한다. 이런 아동들은 보호를 받을 수 없는 상황에 있다. 가족도 제대로 도움을 받지 못해 아이에게 건전하고 안전한 환경을 제공하지 못한다.

아동학대와 방임을 끝내려면, 아동학대를 둘러싼 신화를 먼저 몰아내고, 이 신화가 교회와 지역사회에 있는 아이를 보호하지 못하게 막는 방식을 알아야 한다.

신화 1 : 성서에는 아동학대라는 말이 나오지 않는다. 따라서 성서는 아동학대에 대해 많은 것을 말하지 않는다.

성서에는 정확히 아동학대라는 말이 나오지 않지만, 성서는 아이를 소중하게 여기고 아이의 필요를 채우는 일을 많이 언급한다. 아동학대와 방임을 고려하면서 성서를 읽는다면, 아이가 가족에게 상처를 입거나 도움을 받는 이야기를 많이 볼 수 있다. 구약성서는 아이에 대한 성적 학대를 수 차례 언급한다. 경악할만한 이야기가 많다. 복음서에는 예수가 아이를 환대하는 장면이 나온다. 예수는 아예 아이를 우리가 본받아야 할 모범으로 내세운다. 성서에 나온 이 이야기를 다시 다룰 것이다.

신화 2 : 아동학대는 아동방임보다 훨씬 자주 일어난다.

부모나 양육자가 아이를 대놓고 피해를 주는 행위가 학대라면, 부모나 양육자가 아이의 필요를 채우지 못한 것은 방임이다. 2008년, 미국의 아동보호국CPS에서 신고되어 학대와 방임으로 입증된 사례 가운데, 거의 71%가 방임에 속했다. 이 보고서에 나온, 나머지 사례들을 보면, 16%가 신체 학대이며, 9%가 성적 학대이고, 7%가 감정 학대이며, 2%가 의료적 방임이었다.[3] 1998년 퀘벡을 제외한 캐나다 통계를 보면, 학대와 방임으로 입증된 사례의 25%가 가정 폭력에 노출된 사례들이었다. 19%는 신체 학대 사례였고, 25%는 방임 사례였다. 정서학대는 11%였고, 성적 학대는 2%였다. 정서학대와 성적 학대는 상대적으로 적었다. 나머지 18%는 다양한 종류의 방임이나 학대에 속했다.[4]

사람들이 그런 사건들을 특별히 사악하고 해롭다고 생각하지 않는다면,

아동학대와 방임은 신문 1면을 장식하지 못할 것이다. 학대사건은 언론에 보도되지 않지만 우리가 거주하는 지역에서도 아이들은 계속 해를 당한다는 것을 기억해야한다. 아이들에게 도움이 필요하다.

신화 3 : 아이는 아는 사람보다 낯선 사람에게 학대를 더 자주 당한다.

물론 낯선 사람이 위험하다고 가르쳐야 한다. 그러나 아이의 부모나, 아이가 알고 신뢰하는 사람이 낯선 사람보다 더 자주 상처를 준다는 것도 알아야 한다. 2008년 미국 아동보호국의 기록을 보면, 학대를 저지른 사람의 80% 이상이 피해자의 부모였다. 부모 학대자 가운데 거의 90%가 친부모였고, 7%가 친척이었다.[5] 캐나다 경찰 통계를 따르면, 아동을 향한 신체 학대나 성폭력의 80% 이상이 아이가 아는 사람이 저지른 짓이었다. 가장 자주 학대나 방임을 일삼는 사람 가운데 친구나 아는 사람은 55%, 가족 구성원은 30%, 낯선 사람은 15%였다.[6] 우리는 가정을 아이에게 안전한 곳으로 만들어야 한다.

아동 납치를 살펴보면 더 놀랍다. 외부인 경계 프로그램은 거의 필요가 없음을 알 수 있다. FBI의 국가범죄정보센터가 2007년에 제공한 자료를 보면, 미국에서 아동실종신고의 99%는 아이가 도망친 사례였다. 다시 말해, 1%만이 양육권이 없는 부모가 납치한 경우였고, 낯선 사람이 납치한 경우는 1% 미만이었다.[7] 낯선 자가 아이를 납치한 것은 끔찍한 범죄다. 그러나 아이가 아는 사람이 아이를 해하지 않도록 보호하는 일도 잊지 말아야 한다.

신화 4 : 아동을 학대할 가망성이 있는 사람은 전체 인구 가운데 일부일 뿐이다.

슬픈 일이지만, 그렇지 않다. 우리는 모두 아이에게 상처를 줄 수 있다.

당신이 부모라면, 아이가 얼마나 쉽게 상처를 받는지 잘 알 것이다. 우리가 스트레스에 눌려 힘들어 할 때, 주변에서 장난을 치는 아이에게 버럭 화를 낸다. 우리 자신도 놀랄만큼.

말로 아이를 후려치고 나서 후회하며 되돌리고 싶어한다. 우리는 생각하기도 전에 아이의 뺨부터 치기도 한다. 때때로 우리는 하나님의 은총으로 구타를 멈춘다.

상처를 주지 않는 가족 안에서 성장한 사람은 운이 좋다. 아이에게 옷과 음식, 보금자리를 제공하고자 매일 염려할 필요가 없는 사람도 있다. 도움을 구할 수 있는 친구과 가족이 주변에 있는 사람도 있다. 우울증에 시달리지 않는 사람도 있고, 노름과 마약, 알코올에 중독되지 않는 사람도 있다. 당신이 그런 사람이라면, 하나님에게 감사하라. 주변에 있는 가족은 당신만큼 운이 좋지 않을지 모른다. 이런 가족과 함께 사는 아이를 기꺼이 보살펴야 한다. 나이와 인종, 종교, 사회경제적 지위 때문에 아동학대와 방임이 용인되어선 안된다.

신화 5 : 남자가 여자보다 아동을 더 많이 학대한다.
아이를 돌보는 사람은 주로 여자이므로, 여자가 아이를 더 자주 학대하거나 방임한다. 아동보호서비스 기록을 따르면, 2008년 미국에서 확인된 학대자 가운데 56%가 여자였고, 43%가 남자였다.8) 성적 학대와, 흔들린 아이 증후군shaken baby syndrome:2세 이하 유아가 보챈다고 심하게 흔들면 뇌출혈과 망막출혈이 일어나고 장골이나 늑골이 골절되기도 한다이라 부르는 신체 학대의 경우, 여자보다 남자가 이런 학대를 범할 가능성이 더 많을 것이다.

신화 6 : 자식을 학대하고 방임하는 부모는 자식을 돌보지 않을 것이다.
자식을 학대하거나 방임하는 부모도 아침에 일어나자마자 자식을 괴롭히려는 마음을 품지 않는다. 자식을 학대하는 부모도 대체로 자식에 대해 무척 신경쓴다. 하지만 그들에게는 자식을 잘 돌보는 요령이나 자원이 없다. 일부 부모는 제대로 된 양육기술을 모른다. 그들은 자식이 본받을만한 모범을 보인 적이 한번도 없었기 때문이다. 아동발달을 잘 모르는 부모도 많다. 그래서 이들은 자식에 대해 턱도 없는 기대를 품는다.

이제 2살인 조세는 놀이터에서 놀다가 그만 오줌을 싸고 말았다.

엄마는 조세에게 심하게 야단쳤지만, 정신없이 노는 2살짜리 아이가 화장실에 가야 한다는 신호를 포착하고 반응할 거라고 기대하는 것은 무리임을 미처 깨닫지 못했다. 아이를 학대하는 부모 가운데, 홀로 지내며, 이웃과 친구, 조부모가 없는 부모도 꽤 있다. 그래서, 이들은 걱정을 제대로 토로하지 못하고, 양육에서 잠시 벗어나 쉬지도 못한다. 무엇에 중독되거나 정신질환이 있어도 아이를 돌볼 때 부모로서 제대로 판단하지 못한다.

신화 7 : 학대받은 아이는 여지없이 학대자가 될 것이다.

아동 학대자 가운데, 어릴 때 학대를 당한 사람이 실제로 많다. 그러나 학대를 당했다고 해서 똑같은 짓을 반드시 반복하는 것은 아니다. 이것을 반드시 명심해야한다. 경험과 조사결과를 조회하면, 학대가 반복되지 않을 수 있음을 알게 된다.

욜란다는 아동기 때 의붓 어머니에게 심하게 맞았다. 욜란다는 의붓 어머니를 전혀 좋게 기억하지 않는다. 욜란다에게 의붓 어머니는 오직 공포와 두려움의 대상이다. 지금 욜란다는 젊은 엄마다. 욜란다는 아이를 사랑하고 아이에게 다정한 부모가 되기로 다짐했다. 욜란다는 양육수업에 나가면서, 자신이 가족안에서 당한 학대를 반복하지 않도록 상담가와 폭넓게 상의한다.

과거에 학대를 당하고 상처를 받았더라도 아이를 안전하고 건강하게 기를 수 있다. 우리는 상황의 압박을 받으면, 대부분 우리 자신이 양육받은 대로 자식을 양육하기 쉽다. 이런 현실에 맞서야 한다. 상담을 받고 도움도 받으면서 학대의 악순환에서 벗어나고자 진지하게 노력해야만 우리는 학대를 반복하지 않을 수 있다.

신화 8 : 학대받은 아이는 학대를 막으려고 대체로 학대에 대해 이야기할 것이다.

아이는 보통 자신이 체험한 학대나 방임을 되도록 말하지 않으려 한다. 학대를 당한 아이는 자신이 당한 학대가 다른 아이의 체험과 다르다는 것마저도 알지 못한다. 자신이 잘못해서 학대를 당했다고 느끼기도 한다. 자기가 더 조용히 지내고, 학교에서 더 잘하고, 형제들과 싸우지 않는다면, 엄마가 자신을 때릴 필요가 없었을 거라고 믿기도 한다.

학대를 당한 아이는 부모를 곤란하게 만들려고 하지 않거나, 누구도 자신을 믿지 않을 거라고 생각한다. 성적 학대가 일어났을 때, 특히 학대자는 아이에게 비밀을 지키라고 윽박지른다. 가족 구성원이 모두 학대가 일어나고 있음을 알 때도 있다. 그러나 학대가 일어나고 있다는 의식은 은밀히 감추어지고 공개적으로 드러나지 않는다.

나와 남편과 친해진 제시카라는 소녀가 생각난다. 제시카는 아홉살 때 엄마의 남자친구에게 성적 학대를 당했다. 제시카의 엄마는 제시카를 다시 돌보고 보호할 수 있는 상황이 되자 제시카와 어린 아들들을 집이 아닌 다른 장소로 옮겼다. 제시카는 한동안 아동보호소에 있다가 집으로 돌아갔다. 나와 남편은 제시카와 그녀의 친구들을 캠핑장에 데리고 갔고 아이스크림을 먹으러 외출했다. 우리 집에서 함께 시간을 보내기도 했다.

우리가 제시카를 엄마에게 데려다줄 시간이 되면 제시카는 종종 사라졌다. 물론 우리는 제시카를 찾아서 집에 데려다 주었다. 그러나 제시카를 태우고 집 앞까지 왔을 때, 제시카는 엄마가 새로 사귄 남자친구의 차를 보고는 냉큼 뒷좌석에 앉아 차를 세우지 말라고 애원했다. 나는 차를 몰고 공원으로 갔다. 거기서 제시카와 연못 주위를 산책하며 집에 가는 것이 왜 그렇게 무서운지 말해줄 수 있냐고 물었다. 솔직히 제시카가 다시 성적 학대를 당하는 것이 아닌지 의심스러웠다. 나는 제시카가 말을 하도록 무던히 애를 썼지만, 제시카는 결국 아무 말도 하지 않았다.

신화 9 : 아동 학대나 피해 사건을 관계 당국에 항상 신고해야 한다.

미국의 경우, 성인은 아동학대를 신고할 법적 의무가 있다. 캐나다도 주 province와 준주territory에 거주하는 모든 성인은 아동학대를 신고해야 한다. 단지 유콘 준주에서는 전문가만이 아동학대 신고의무자다. 법적 신고의무자는 학대나 방임을 당하고 있다고 추정되는 아동을 경찰이나 아동보호국에 신고해야 한다. 경찰이나 아동보호국은 신고를 접수하면 조사하고 필요하면 조치를 취하고 기소하기도 한다. 신고자는 신고하기 전에 피해의 범위와 아동의 나이, 피해에 대한 부모나 아동의 보고를 미리 확인해야한다. 미취학 아동의 무릎과 이마, 정강이, 팔꿈치에 멍이 있더라도 그것은 우연히 생길 수 있다.

미취학 아동은 쉽게 넘어지고 멍도 자주 든다. 그러나 등과 배, 가슴, 얼굴, 엉덩이에 상처가 났다면, 우연히 그렇게 되기는 어렵다.

아이가 팔이 부러졌는데, 부모는 아이가 침대에서 떨어져서 그렇게 되었다고 말한다고 하자. 이 때 부모의 설명을 반드시 의심해보아야 한다. 부모나 아이가 상처에 대해 해명을 했더라도 말이 계속 바뀐다면, 그들이 사실을 감추려고 하는지 의심해야하며, 경찰이나 아동보호국에 신고해야 한다. 학대를 당한다고 추정되는 아동을 직접 조사해서는 안된다. 그런 일은 경찰이나 아동보호국에 맡겨야 한다.

신화 10 : 아동학대와 방임에 대응할 책임은 국가가 져야 한다.

아동학대와 방임은 심각하고 복잡한 문제다. 그래서 한 주체가 이 서글픈 사건을 중단할 책임을 모조리 질 수 없다. 물론 정부는 중요한 일을 맡는다. 학대신고를 조사하고, 보호서비스를 제공하며, 피해아동을 위한 쉼터를 운영하고, 가해자를 기소한다. 그러나 정부는 좋은 부모를 만들지 않는다. 정부는 가정과 이웃을 감시할만한 눈과 귀를 가지지 않으며, 우리가 기대하는 일을 모두 할만큼 자원을 충분히 가지고 있지도 않다. 지역사회의 아동보호단체들이 아동학대를 방지하고 아동학대에 대응하는데 큰 몫을 담당한다.

교회는 아동을 보고하고 가족을 견고하게 하는 일에서 상당한 역할을 맡을 수 있다. 아동복지단체와 복지사들은 신앙 공동체와 함께 일하는 기회를 반긴다. 그러나, 신앙 공동체는 아동학대와 방임이 일어남을 먼저 인정하고, 자신이 맡아야 할 역할을 받아들이며, 그것을 감당할 준비를 해야 한다.

아동학대를 둘러싼 구조의 문제에 눈을 감아버리거나, 아이가 우리에게 도와달라고 하는데도 딴청을 부린다면, 그것은 아동학대를 지속하며, 학대와 방임을 소리없이 승인하는 짓이다.

신앙공동체로 살아가는 우리 기독교인은 아동학대와 방임이라는 비극을 끝장내야하는 과제를 맡았음을 인정해야 한다.

우리는 신앙공동체에도 아동학대가 퍼져있음을 기꺼이 인정해야한다. 우리는 아이의 편에 서야한다. 아이는 자신을 스스로 돌볼 수 없듯이, 자신을 스스로 보호할 수 없다. 신앙공동체로 살아가는 우리 기독교인은 아동학대와 방임을 끝장낼 준비를 하는가?

1. 이 장에 소개된 아동학대와 방임 사례를 읽고 놀랐는가? 이 사례에서 당신은 무엇을 배웠는가?

2. 아동학대와 방임과 상관있는 성서구절이 생각나는가? 아래 실행과제 1번을 보라.

3. 부모가 아이를 학대하는 것은 낯선 자가 학대하는 것과 다를까? 어떻게, 왜 다를까?

4. 누구나 아이에게 상처를 줄 수 있다고 생각하는가? 당신도 아이에게 상처를 주었는가?

5. 아이를 학대하거나 방임하는 사람은 어떤 사람일까?

6. 학대가 반복되지 않게 막을 수 있을까? 당신은 왜 막을 수 있다고 생각하는가? 당신은 왜 막지 못한다고 생각하는가?

7. 당신은 아동학대와 방임을 끝내기 위해 무슨 일을 할 수 있는가?

실행 과제

1. 아동학대와 방임을 생각하면서 성서의 아무 구절이나 읽어보라. 다음 구절에서 시작해보라. 창세기 22장, 창세기 37장, 출애굽기 1-2장, 열왕기상 3장, 마태복음 6장

2. 이 책 끝 부분에 있는 "읽을거리"를 훑어보라. 끌리거나 도움이 될만한 제목을 찾아보라.

3. 당신이 어릴 때 좋은 영향을 준 부모와 조부모, 선생님, 목사님, 이웃에게 전화를 걸어 감사한다고 말하라.

4. 벼룩시장이나 교차로에 나와있는 알림글 가운데 아동보호나 가족지원에 대한 광고가 있는가? 당신의 집과 일터, 교회에서 가장 가까운 지원센터가 있는가? 이런 센터를 방문하여 여기서 어떤 일을 하는지 알아보라.

2장

누가 아이에게 영향을 줄까?

예수께서 무리를 보시고, 산에 올라가 앉으시니, 제자들이 그에게 나아
왔다. 예수께서 입을 열어서 그들을 가르치셨다. 마5:1

마태복음 5장 1절

예수는 여러 곳에서 사람들을 섬기셨다. 호수가에서, 회당에서, 산 중턱에서, 길에서, 집에서, 벌판에서, 배 안에서, 언덕에서, 올리브나무 숲에서 가르치셨다. 우리도 어디를 가나 아이를 만난다. 대형할인점에 가면, 카트 안에 앉아있는 아이를 볼 수 있다. 옆집 마당에서 소리지르며 뛰어다니는 아이도 있다. 이른 아침에는 무거운 가방을 매고 학교로 터벅터벅 걸어가는 아이도 있으며, 밝은 색의 유니폼을 입고 축구 경기에 나선 아이도 있다. 주일학교에서도 아이를 볼 수 있다. 교회 교육관에서도, 강대상에서도 아이를 볼 수 있다.

아이가 학대와 방임을 당하지 않도록 보호할 책임은 어디서 나올까? 이 책임의 한계는 어디까지 인가? 우리는 가족안에서도 아이를 보호하려고 애쓴다. 이 정도면 충분한가? 우리는 교회에서도 아이를 보호하며, 가족과 관련된 사람들 사이에서도 아이를 보호하려고 한다. 이만하면 충분한가?

이 장에서는 우리가 몸담고 있는 공동체에서 아이를 어떻게 보호할 수 있는지 생각해볼 것이다.

교회와 아이들

당연히 교회는 벽과 지붕이 있는 건물에 그치지 않는다. 교회는 신자의 공동체를 뜻한다. 목적을 공유하는 사람들의 모임이다. 말하자면, 하나님과 이웃, 자신을 사랑하라는 목적을 추구하는 사람들의 모임이다. 우리는 서로 유익을 주고 받으려고 모인다. 교리를 가르치고 배우며, 서로 지원하고 용기를 준다. 또한 우리는 하나님을 경배하고 남을 섬기려고 모인다.

교회가 잘 되고 있는지 가늠하는 방법이 있다. 예를 들어, 일요일 아침 예배에 참석하는 사람 수를 세든지, 교회 명부에 있는 사람 수를 세든지, 교회로 온 편지 수를 셀 수 있다. 이렇게 눈으로 확인하는 방법과 다른 방법도 있다. 교회가 공동체가 될 수 있는 능력이 있는지 따질 수 있다. 공동체를 이루는 사람들은 함께 예배하고 배우고 섬긴다. 그들은 서로 지원하고 기뻐하며, 함께 울고, 함께 식사한다.

아이들은 교회 공동체를 이루는 중요한 구성원이다. 아이들은 우리에게 많은 것을 주고, 많은 것을 요구하기도 한다. 아이들은 교회에 생기를 불어넣는다. 아이들은 사랑과 기술, 창의력을 가져온다. 우리가 시간을 내어 아이들의 말을 들을 때, 아이들은 어떤 신학자도 당황하게 할 질문을 하면서 통찰력까지 보여준다.

물론 우리는 아이들에게 많은 것을 가르쳐야 한다. 교회는 아이들에게 책과 동화, 간식, 교사, 장난감, 놀이터를 제공한다. 우리는 이렇게 많은 것을 아이들에게 주지만, 아이들은 우리를 때때로 성가시게 한다. 아이가 우는 바람에 당신은 교회소식을 얼마나 많이 놓쳤는가? 아이가 피아노를 쾅쾅 두드리는 바람에 피아노를 계속 조율하는 것은 아닌지 의심해보았는가? 이제 막 태어난 셋째 방에 있는 탁자 위에서 첫째와 둘째가 춤을 추는 바람에 탁자를 고쳐야 했던 일은 어떤가? 그것도 세 번째 일요일에만 계속해서! 유치원 교실 벽에 묻은 크레용을 지워야 했던 일은 어떤가?

교회에 아이들이 있어 즐겁지만, 아이들에게 정말 손이 많이 간다. 우리는 성인으로서 교회안에서도 아이를 보호할 책임이 있다. 이 책임은 하나님이 우리에게 주신 것이다. 갓난 아기가 포크에 찔리지 않게 보호하고, 초등학생이 나무에 너무 높이 올라가지 못하게 막듯이, 교회에서도 아이들이 학대와 방임을 당하지 않도록 최선을 다해야 한다.

아이는 우리에게 가장 소중한 자원이다. 아이는 하나님이 주신 선물이며, 하나님은 우리가 아이를 일정기간 보호하도록 맡기셨다. 하나님이 창조하신 성실이가 장난감 물고기를 변기에다 띄우면서 놀고 있다면, 아마 하나님의 눈가에 주름이 늘어갈 것이다. 소망이가 언니의 장난섞인 몸짓을 보고 처음으로 킥킥댄다면 하나님도 분명 함께 즐거워하실 것이다. 하나님은 가정과 교회에 있는 아이들에게 정말 마음을 쓰신다. 그래서 우리도 마음을 쓴다.

더 넓게 생각하라

우리 가족이 아닌 아이들이나 우리 교회에 다니지 않는 아이들은 어떤가? 우리는 그들까지도 학대와 방임에서 보호할 책임이 있을까? 오래된 율동이 생각난다. "여기는 교회. 여기는 교회 첨탑. 문을 열고 사람들을 봐요." 그러나 사람들이 첨탑 밑에 항상 있는 것은 아니다. 우리는 교회에 다니지만, 주위에는 이웃이 있다. 우리는 일터에 가고, 친구를 만나며, 여러 가족들과 모이고, 학교에서 자원봉사도 하며, 농구팀을 지도하기도 한다. 우리는 가족과 교회에 속해 있지만, 다른 공동체의 구성원이기도 하다.

우리는 예수를 신실하게 따르는 사람으로서 어느 곳을 가든 예수의 제자로 살려고 한다. 교회 건물에 있을 때만 예수의 제자가 되려고 노력하는 것은 아니다. 공원에 있을 때도, 야구 경기장에 있을 때도, 식료품 가게에 있을 때도, 우리는 여전히 예수를 따르는 자다. **아이를 만나는 곳이면 어디서나 아이를 보호할 수 있도록 준비되어 있어야 한다.**

이런 상황을 그려보자. 당신이 생일을 맞았다. 그래서 가족이 당신이 좋아하는 음식점으로 당신을 데려 갔다. 당신은 가족과 즐겁게 이야기하며 따뜻한 빵을 먹는다. 당신은 어떤 음식이 나올지 잔뜩 기대한다.

이 때 당신의 뇌는 아이의 울음소리를 접수한다. 울음이 커지자 남자의 목소리도 커진다. 당신은 자연스럽게 목소리의 주인공이 아빠일 거라고 예상한다. 아이와 아빠의 목소리가 점점 커진다. 아이가 소리를 지르며 발길질을 하자 아빠도 흥분하여 험악해진다. 애써 외면해보려 하지만 앞으로 펼쳐질 장면에 사로잡힌 채 당신은 치밀어오르는 아빠의 화를 느낀다. 아이의 안전이 자꾸 걱정되면서 맥박도 점점 빨라진다. 아빠가 갑자기 아이를 번쩍 들어올리더니 당신 앞을 지나 출입구로 곧장 나간다. 당신과 남편이 서로 쳐다본다. 그리고… 무엇을 해야 하지? 일단 소란이 끝났으니 다시 빵을 먹으면서 울렁대는 가슴을 달랠까? 아니면, 당신의 가족은 다툼을 건강하게 이겨낸다고 믿으면서 감사의 기도를 드릴까? 당신의 아이가 피곤하거나 배고플 때 어떻게 행동했는지 기억이 나는가? 식당에서 소란을 피운, 이 아이가 집에 갔을 때 어떤 일이 벌어질까? 그런데 당신은 무슨 일이라도 했는가?

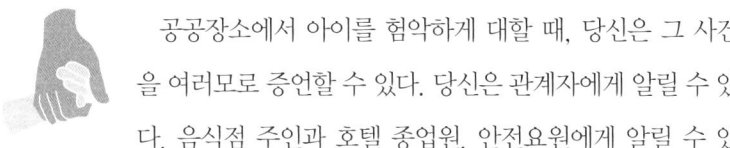 공공장소에서 아이를 험악하게 대할 때, 당신은 그 사건을 여러모로 증언할 수 있다. 당신은 관계자에게 알릴 수 있다. 음식점 주인과 호텔 종업원, 안전요원에게 알릴 수 있다. 당신은 멀리서 무슨 일이 벌어지는지 지켜보면서 필요하면 신고하거나 개입할 수 있다. 부모의 말을 들어주고 공감하면서 부모가 화를 가라앉히도록 도울 수 있다. 아이를 폭력적으로 대하는 사람의 차량번호를 적어서 경찰에 신고할 수 있다. 이런 방법들이 항상 옳지는 않다. 가만히 있는 것이 가장 좋을 때도 있다.

우리는 아이의 나이와 아이가 얼마나 취약한지 고려해야 한다. 우리 자신의 능력도 따져보아야 한다. 화난 성인을 대할 때는 우리가 해를 입지 않고 아이에게도 더 많은 해가 돌아가지 않도록 행동할 수 있는지 생각해 보아야한다.

혹시 폭력이 자행되고 있다고 오해하지 않았는지 잘 따져보아야한다. 일부 아이들은 신체적 폭력을 주기적으로 휘두르면서 남과 자신을 위험에 빠뜨린다. 특히 장애나 정신질환이 있는 아이들 가운데 그런 아이들이 있다. 이런 아이에게는 단호하게 행동하는 보호자가 필요하다.

그러나 아이가 다쳐야 마땅한 상황은 어디에도 없다. 우리가 어떤 결정을 내리든, 개입을 할 때는 시간이 필요하고 애를 써야 하며 판단을 내려야 하고 위험을 감수해야 한다.

아이를 학대하는 부모와 일정하게 관계를 맺고 있을 때, 상황이 더 복잡해진다. 부모와 친할수록, 아이의 필요와 행동과 함께 부모의 행동과 게으름도 더 많이 알게 된다. 우리가 생활하는 모임과 지역사회에서 우리는 학대와 방임의 징후를 잡아내는 눈이 되어야 한다. 아이의 편에 서서 말하는 목소리가 되어야 한다. 우리가 그런 눈과 목소리가 아니라면, 우리는 과연 누구인가? 우리가 다른 가족과 친근해질수록 아이들에 대한 책임도 그만큼 커진다. 아이를 돕고, 학대로 추정되는 행위를 신고할 책임이 커지는 것이다.

나는 5살된 여자아이를 본 적이 있다. 이 아이는 우리 집 앞마당에 와서 나와 내 아이와 놀려고 했다. 나는 아이의 행동이 수상했다. 아이는 다음 날에도 왔고, 5일 후에 다시 왔다. 그래서 더욱 의심스러워 아이에게 이런 저런 것을 물어보았다. 놀랍게도 아이가 잘 있는지 살펴보는 어른이 없었고, 아이의 집은 우리 집에서 1.6km나 떨어져있었다. 나는 아이의 집까지 걸어가서 아이의 엄마에게 사정을 설명했다. 그리고 딸 아이가 부모의 보호없이 집에서 너무 멀리 나와 있어서 걱정된다는 말까지 했다. 엄마는 내 말을 듣고도 무심했다. 그녀는 딸에게 관심도 없었고, 자기 행동을 바꿀 마음도 없었다. 나는 걱정이 되어 아동보호국에 전화를 했다. 물론 그 엄마가 내가 어디에 사는지 알아내면 나를 고소할지 모른다는 생각도 했다. 하지만 나는 어린 딸이 더 걱정되었다. 그 아이는 부모의 보호도 받지 못한 채 길을 건너고 낯선 사람을 지나쳐 우리 집까지 왔기 때문이다.

11살된 당신의 딸이 학교에서 돌아와 자신의 친구인 낸시의 비밀을 털어놓는다고 가정해보자. 이때 아동보호국에 신고할지 쉽게 결정할 수 있을 것이다. 딸에게 비밀을 더 말해보라고 재촉했을 때, 18살인, 낸시의 이복오빠가 밤에 낸시의 방으로 들어가 은밀한 곳을 만졌다는 사실을 당신이 알았다고 해보자. 그런데 당신은 낸시의 가족을 잘 알며, 그들이 한 해 동안 무척 힘든 시간을 보냈고 이복오빠도 곧 분가할 거라고 알고 있다. 당신이라면, 어떻게 하겠는가? 당신의 딸이 낸시를 오해했다고 믿고 싶은가? 낸시나 낸시의 엄마와 이야기해보겠는가? 관계당국에 신고하겠는가?

어려운 문제다. 당신은 아이에게 상처를 줄까 두려울 것이다. 당신은 사실을 부인하고 싶은 마음과 싸울 것이다. 낸시 가족과 맺은 관계가 깨어질까 걱정될 것이다. 우리는 아이들이 쉽게 상처받는다는 것을 되새겨야한다. 아이들은 무엇이 올바른 상태인지 모를 때가 많다. 아이들은 자신이 잘못해서 학대를 당한다고 생각한다. 아이들에게는 학대를 중지할 힘이 없으므로 학대를 증언할 목소리가 필요하다. 당신이 바로 그 목소리다.

지역사회에 있는 비영리 아동보호단체에 가입하기

우리는 지역사회에 있는 여러 공식조직과 비공식조직에 참여한다. 이런 조직과 단체에는 자원봉사자가 필요하다. 사실 늘 필요하다. 그래서 이들은 교회에 먼저 눈길을 준다. 단체의 직원들이 교회에 나가든, 나가지 않든, 이들은 교회 구성원들이 품고 있는 긍휼과 봉사의 마음을 안다. 나는 지역 단체와 단체연합이 주최하는 모임에 나간다. 여기서 이런 질문을 받았다. "교회는 어때요? 우리가 어떻게 교회와 함께 일할 수 있지요?"

 우리는 교회이자 기독교인으로서 지역 조직들에 많은 것을 줄 수 있다. 교회에는 봉사활동을 지원하는 예산이 있으며 남을 돕고자 하는 사람들도 많다. 교회와 기독교인은 조직적으로 푸드뱅크와 중고옷가게를 도울 수 있다.

물론 그런 기부는 아동학대방지활동과 거리가 멀긴 하지만, 옷과 음식, 장난감, 중고가구를 기부한다면, 궁핍한 가족에게 도움을 줄 수 있다.

가난은 방임이나 학대를 야기하지 않지만, 학대나 방임을 일으키는 주요 요인이 될 수 있다. 교회는 하나님의 사랑을 나누고 서로 주고 받는 관계를 맺자고 강조한다. 그래서 교회는 교회 식구들과 지역사회의 가족을 돕는 일에 앞장 설 수 있다.

안타깝게도 지역사회의 조직들은 교회에 도움을 요청하는 것을 종종 꺼려한다. 그럴만한 이유도 있다. 이 단체들은 교회가 단체의 활동에 도움이 되며 좋은 의도를 가지고 있다고 알고 있다. 그러나 이들은 교회가 학대로 추정되는 행위를 신고할지 조금은 의심한다. 교회가 스스로 상황을 처리하려 하면서 자신들의 통제를 벗어나버리고 의도하지는 않았지만 결국 더 많은 아이들이 피해를 보지 않을까 이들은 두려워한다. 우리는 이 문제를 이어지는 장에서 살펴볼 것이다.

우리는 교회 구성원으로서 아이를 보호하고 아동학대를 끝내기 위해 일할 준비를 해야한다. 그저 교회에서만 이런 일을 하는데 그치지 않고 이웃과 학교, 일터, 그리고 우리가 가는 모든 곳에서 이런 일을 해야 한다. 우리가 만나는 아이들에게 우리는 어떤 책임을 지고 있을까?

함께 생각하기

1. 아이들 덕분에 당신의 교회는 어떤 유익과 도전을 받는가? 아이들은 교회에 무엇을 요구하는가?

2. 예수의 교회는 어디에 있었는가? 예수는 무엇을 교회로 여겼는가?

3. 예수는 어떤 상황에서 아이에게 관심을 가졌는가?

4. 종이와 색연필을 준비하라. 종이 중앙에 작은 원을 그려라. 원 안에 당신의 이름을 적어라. 지난 주에 무슨 일이 있었는지 떠올려보라. 중앙에 있는 원 주변에 원을 더 그려라. 그리고 당신이 지난 주에 갔던 장소를 원에 적어보라. 교회와 다른 가족들, 학교, 직장, 이웃집, 지역사회 단체, 경기장, 자원봉사

a. 당신이 아이를 본 장소는 얼마나 되는가?

b. 당신은 이 장소에서 아이에게 영향을 주고 있는가?
   어떻게 영향을 주는가? 아이들은 당신은 아는가?
   당신은 아이들과 관계를 맺고 있는가?

c. 당신이 만나는 아이들에게 당신은 어떤 책임을 지고 있는가?

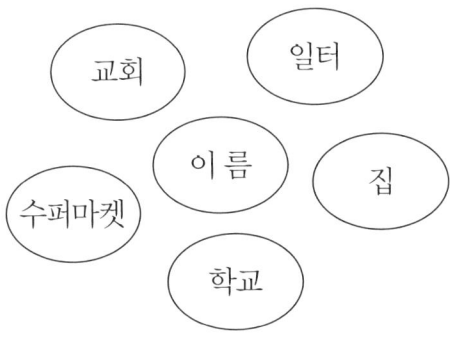

5. 당신은 아이가 잘 사는지 걱정한 적이 있는가? 그런 경험을 함께 나누
   어보자. 당신은 무엇을 보았는가? 당신은 무엇을 느꼈는가? 당신은 그
   때 어떻게 행동했는가? 당신은 가만히 있었다면, 왜 가만히 있었는가?

6. 당신의 교회는 교회 구성원에게 무엇을 해주어야 할까? 당신은 개인적
   으로 교회 구성원에게 무엇을 해주어야 할까? 교회 전체가 교회 구성원
   에게 무엇을 해주어야 할까?

7. 교회 공동체가 당신에게 도움을 구하기를 꺼린다고 가정해보자. 이유
   가 뭘까?

실행과제

1. 이번 주에 교회에서 아이들을 만나면, 반갑다고 인사해보라. 당신이 잘
   모르는 아이들의 경우, 이름과 함께 무엇을 좋아하는지 알아보자.

2. 교회예산을 살펴보라. 아이들에게 곧바로 투자되는 돈은 얼마나 되는
   가? 아이들에게 들어가는 재정은 교회에서 우선순위가 높은가? 우선순
   위가 높은지 어떻게 아는가? 전체 예산에서 아이와 가족에게 투자되는
   돈은 얼마나 되는가? 몇 %인가?

3. 이웃집 주변을 돌아다녀보라. 아이들을 몇 명이나 보았는지 적어보라.
   아이와 양육자의 안전과 복지를 위해 기도하라.

4. 가족과 아이들과 함께 일하는 지역사회 단체에 전화하라. 어떤 분야에
   서 자원봉사활동이 필요한지 물어보라.

3장

아동학대와 방임:성서는 무엇을 말하는가?

누구든지 내 이름으로 이런 어린이 하나를 영접하면,

나를 영접하는 것이다. 마18:5

아동학대와 방임을 생각하면서 성서를 읽을 때, 가족관계를 견고하게 하고 아이를 보호하길 바라는 하나님의 마음을 배울 수 있다. 성서에는 예수가 아이를 축복하고 아이와 함께 시간을 보내는 이야기와 함께, 부모가 아이를 소중하게 보호하는 이야기도 나온다. 건강한 가족관계를 위한 지침도 볼 수 있다. 성서는 이런 이야기를 아우르면서 가족과 가족관계가 중요하다고 말한다.

성서 번역본인 *New Living Translation*에는 아이가 711번 나오고, 아이들은 521번이나 나오지만, 이 번역본에는 아동학대란 말은 등장하지 않는다. 그렇지만, 성서는 가족관계를 늘 언급한다. "하나님의 아들", "이스라엘의 자손", "하늘에 계신 아버지". 성서는 우리를 하나님과 교제하도록 자주 부르면서 이 교제를 이 땅에서 우리가 맺은 가족관계와 비교한다. 복되게도 우리에게 하나님은 완벽한 부모다.

예수가 사람을 치유할 때, 부모가 딸이나 아들을 고치려고 애원할 때가 많았다. 성서에서 예수는 이 부모들에게 한번도 안된다고 말하지 않는다. 대신에 예수는 하던 일을 제쳐두고 아이가 누워있는 곳으로 가서 아이를 치유한다. 예수가 살던 사회에서 아이들은 귀여움을 받았지만 힘이 전혀 없었다. 예수가 아이들에게 보여준 공감긍휼은 눈에 띨만큼 특별했다.

성서를 두루 훑어보면, 한 사람이 어떤 가족에 속했는지가 정말 중요하다. 가족안에 어떤 사람이 있느냐에 따라 그의 운명이 달라질 수 있다. 복을 받거나, 공동체에서 쫓겨나거나, 아예 죽임을 당할 수도 있다. 아기 모세를 보자. 모세는 히브리 가정에서 태어났고 레위 지파에 속한 사람이었다. 이런 출신 때문에 모세는 파라오에게 죽임을 당할 운명이었다. (출애굽기 1장, 2장) 정말 지나친 형벌이다! 룻을 생각해보라. 룻은 모압에서 태어났지만 환대를 받으며 이스라엘 가족이 되었다.룻1:4 다윗을 생각해보자. 다윗은 의로운 가족에서 태어났다. 그렇지 않은가? 다윗은 이새의 막내로서 이스라엘의 왕으로 선택받았다.삼상16장

우리는 열심히 일하고 잘 선택해서 지금 이 자리까지 왔다고 믿으려 한다. 그러나 우리는 돈을 벌듯이 열심히 노력해서 축복을 번 것이 아니다. 하나님의 은총 덕분에 축복을 받았음을 알아야 한다. 내가 태어난 가족은 나에게 사회경제적 지위와 피부색, 인종, 연고를 정해주었다. 나는 이것 가운데 어떤 것도 선택하지 않았다. 성서에 나타난 시대나 오늘날이나 우리가 태어난 가족은 우리의 운명을 안내하는 일에 상당히 연루되어 있다.

이 장에서 성서를 살피면서, 아동학대와 방임에 대해 성서가 무엇을 가르치는지, 신앙 공동체가 맡은 역할이 무엇인지 알아볼 것이다. 성서에는 함께 일하고, 서로 돌보며, 같이 축하하는 가족 이야기가 나온다. 신약과 구약은 모두 부모와 아이가 올바른 관계를 맺으라고 우리에게 도전한다. 일부 성서구절은 상대적으로 분명하며, 쉽게 해석할 수 있고, 듣기에도 좋다. 반면 다른 구절은 어렵고, 혼란스러우며, 아예 가슴이 떨리게 한다. 성

서를 해석할 때, 우리는 하나의 구절만 따로 떼어서 보지 말고, 맥락을 따지면서 주제와 패턴을 찾아내야 한다.

성서가 보여주는 가족관계의 기본

부모가 자식들의 필요를 채울 것이라는 기대를 담고 있는 성서구절이 참 많다. 일부 구절은 신체적으로 방임된 아이와 상관이 있는 것 같다. 부모나 양육자가 가난이 아니라 다른 이유 때문에 아이의 기본 필요를 채우지 못할 때, 이런 일이 벌어진다. 음식과 옷, 거주지, 의료적 보살핌이 아이의 기본 필요이다. 마태복음 6장 25절-30절에서 사랑의 하나님과 자녀를 돌보시는 하나님을 아름답게 그리고 있다.

> 공중의 새를 보아라. 씨를 뿌리지도 않고, 거두지도 않고, 곳간에 모아들이지도 않으나, 너희의 하늘 아버지께서 그것들을 먹이신다. 너희는 새보다 귀하지 아니하냐? …오늘 있다가 내일 아궁이에 들어갈 들풀도 하나님께서 이와 같이 입히시거든 하물며 너희들을 입히시지 않겠느냐?마6:26, 30

하늘에 계신 아버지의 역할을 맡으신 하나님은 자녀들의 필요를 채우실 것이다. 마태복음 7장에서 예수는 기본이 되는 가정을 하나 더 한다. 가족도 자식의 필요를 채울 것이다.

> 너희 가운데서 아들이 빵을 달라고 하는데 돌을 줄 사람이 어디에 있으며, 생선을 달라고 하는데 뱀을 줄 사람이 어디에 있겠느냐? 너희가 악해도 너희 자녀에게 좋은 것을 줄 줄 알거든, 하물며 하늘에 계신 너희

아버지께서 구하는 사람에게 좋은 것을 주지 아니하시겠느냐?마7:9-11

이 본문에서 예수는 부모가 자식의 물질적 필요를 채울 거라고 가정한다.이것은 가장 기본이 되는 가정이다.아이의 영적, 지성적, 감정적 필요를 돌보는 일은 자연스럽게 일어난다.

디모데전서 5장에서 저자는 과부와 노인, 노예를 돌보라고 가르치지만, 자신의 가족을 먼저 돌보라는 말을 할 때는 점잖게 말하지 않는다. " 누구든지 자기 친척 특히 가족을 돌보지 않으면, 그는 벌써 믿음을 저버린 사람이요, 믿지 않는 사람보다 더 나쁜 사람입니다."딤전5:8

아이를 양육하는 부모는 되도록 아이를 돕는 일을 먼저 하려고 한다. 열왕기상 1장에 나오는 두 여자를 떠올려보자. 두 여자는 몇 일 사이에 아이를 낳았다. 한 여자의 아이가 죽자, 그녀는 다른 여자의 아이를 훔친다. 이일로 인해 분쟁이 일어나 결국 왕 앞에서 재판이 벌어진다. 솔로몬 왕은 여자의 사연을 듣고 아기를 반으로 자르라고 명한다. 아기를 그냥 절반씩 나누어 가지게 한 것이다. 이 명령이 믿겨지는가? 더 경악할 일은 한 여자가 이 명령에 동의했다는 사실이다! 그러나 아이의 진짜 엄마는 왕의 결정에 동의하지 않았다. 그녀는 외쳤다. " 저 여자에게 아이를 주십시오. 제발 아이를 죽이지 마소서!"왕상3:26 솔로몬은 그녀가 진짜 엄마라고 판단했다. 그래서 아이는 진짜 엄마에게 돌아갔다. 솔로몬은 명령을 내릴 때, 자식을 보호하고 행복하게 하려는 부모의 욕망을 고려했다.

한 발 더 나가 부모와 자녀가 어떻게 지내야 하는지 기술하면서 가르치는 구절도 있다. 이 구절들은 아동학대의 유형을 세세하게 말하지 않지만, 아동학대방지에 유익한 통찰을 보여준다. 출애굽기 20장 12절에 나온 제5계명은 자식이 부모를 공경해야한다고 명한다. 에베소서 6장 1절, 2절과 골로세서 3장 20절도 출애굽기의 계명을 공명하면서 자식이 부모에게 복종해야 한다고 명령한다. 비슷하게, 디모데전서 3장은 교회 지도자가 갖추어야 할 자질을 제시하면서 아버지는 " 가족을 잘 돌보고, 자식이 아버지를 존경하고 아버지에게 복종하게 하라"고 주장한다.

자식은 부모에게 복종하라는 계명이 학대를 지지한다고 해석해서는 안 된다. 그러나, 아이를 소중하게 여기고 하나님의 자녀인 아이의 권리를 존중하라는 구절도 있다. 두 가지 구절들은 균형을 이룬다. 에베소서와 골로새서도 자식을 화나게 하고 가슴에 못을 박지 말라고 촉구하면서, 주 하나님의 길을 가도록 자식을 격려하고 훈련시키라고 강조한다. 상처받아 마땅한 아이들은 없다. 하나님이 주신 선물인 아이들을 존중하고 귀하게 여겨야한다.

예수는 아이들을 소중하게 여긴다

누가복음 18장 말씀은 내가 좋아하는 예수상을 기술한다. 부모가 어린 자식들을 예수에게 데려오면서 예수가 그들에게 손을 얹어 축복하기를 바랐다. 예수가 아이 한 명을 무릎에 앉히자 다른 아이들도 무릎에 앉으려고 기어오르는 모습을 떠올려보라. 부모는 가까이 서서 귀를 빳빳하게 세우고, 예수는 그들의 자식들에게 관심을 쏟는다. 그런데 예수의 제자들이 갑자기 끼어들었다. 제자들은 벌건 얼굴로 수염을 날리며 아이들을 쫓아냈다. 제자들이 무엇이라고 소리치는지 들리는가. "예수님에게는 아이들보다 더 중요한 일이 있다! 아이들을 데리고 가! 집으로 가란 말이다!" 아이들은 웃음을 그치고 예수의 무릎에서 내려와 허둥지둥 부모의 품으로 돌아갔다. 예수는 제자를 꾸짖으시고 아이들을 다시 불렀다. " 어린이들이 내게로 오는 것을 허락하고 막지 말아라! 하나님의 나라는 이런 사람의 것이다. 내가 진정으로 너희에게 말한다. 누구든지 어린아와 같이 하나님의 나라를 받아들이지 않는 사람은 거기에 들어가지 못할 것이다.”눅18:16-17 예수가 살았던 시대에도 예수는 자신이 아이를 사랑하고 소중하게 여긴다는 사실을 가족과 제자에게 강조했다.

우리는 아이들이 성숙하지 못해 짜증을 자주 내지만 예수는 자신을 따르는 자들에게 아이처럼 되라고 촉구하신다. 상상이 가는가! 마태복음 18장 3절- 4절에는 예수가 이렇게 말한다. “내가 진정으로 너희에게 말한다. 너희가 돌이켜서 어린이들과 같이 되지 않으면, 절대로 하늘나라에 들어가지 못할 것이다. 그러므로 누구든지 이 어린이와 같이 자기를 낮추는 사람이 하늘나라에서는 가장 큰 사람이다.” 교회에서 아이는 어른이 본받아야 할 모범이라고 말한 적이 있는가? 언제 그렇게 말했는가?

예수는 우리가 아이를 환영하고 보호하라고 용기를 주신다. “누구든지 내 이름으로 이런 어린이 하나를 영접하면 나를 영접하는 것이다.”마18:5 이것은 정말 강하게 말한 것이다. 이 구절을 보고나서 나는 어린이를 환대하지 않았을 때 어떤 일이 벌어질지 궁금해졌다.

기록된 예수의 말 가운데 아마 가장 심한 말은 아이가 죄짓도록 부추긴 사람에게 한 말일 것이다. “나를 믿는 이 작은 사람 가운데 하나라도 걸려 넘어지게 한 사람은 차라리 그 목에 큰 맷돌을 달고 깊은 바다에 빠지는 편이 낫다.”마18:6 예수는 우리에게 이렇게 명한다. “ 작은 사람들 가운데서 한 사람이라도 업신여기지 않도록 조심하라.”마18:10 예수는 100마리의 양을 키우는 목자의 아름다운 이야기를 말한다. 목자는 99 마리 양을 보호하고 책임지고 있지만, 잃어버린 양 한 마리를 찾기까지 기쁘지 않았다. “이와 같이, 이 작은 사람들 가운데서 하나라도 망하는 것은 하늘에 계신 너희 아버지의 뜻이 아니다.”마18:14

마태복음 18장을 읽을 때 아이를 무척 귀하게 여기는 예수의 태도를 지적하지 않을 수 없다. 예수는 아이가 쉽게 상처받는 것을 알았고, 아이를 보호하고 보살펴야 하는 것도 알았다. 예수의 시대에는 아이의 사회적 지위가 낮았으나, 예수는 아이가 나름대로 기여한다는 것을 존중했고, 어른을 위해 아이가 보인 모범도 인정했다. 당신의 교회에 다니는 아이들을 예수가 환영한다고 상상할 수 있는가? 아이를 모아 무릎에 앉히고 이야기를 들려주려는 예수를 상상할 수 있는가? 예수는 아이들에게 웃으며 그들을 사랑한다고 말할까? 당신이 사는 지역사회에 있는 아이들은 어떤가? 나는 우리 주변에 있는 아이들에게 예수처럼 대해줄 수 있을까?

요셉과 마리아는 예수를 어떻게 길렀는가?

나는 하나님의 아들을 기른 요셉과 마리아의 양육방식이 어떠했을지 종종 궁금했다. 예수는 완벽했지만, 다른 어린 아이처럼 조금씩 성장했다. 예수에게 지도와 훈육이 필요없었을까? 예수의 유년시절을 알려주는 단서는 우리에게 별로 없다. 하지만 예루살렘에서 집으로 돌아오는 요셉의 가족 이야기가 돋보인다.

유월절 절기를 마치고 가족은 나사렛으로 떠났다. 이 여행은 3일이나 걸렸다. 유월절을 마치고 집으로 돌아가는 친척과 가족의 무리에 예수가 섞여있다고 요셉의 가족은 생각했다. 당시에는 강도에게서 가족을 보호하고 동행하는 이를 돌보려고 가족들이 떼를 지어 여행했다.

부모가 서로 충분히 정보를 주고 받지 않은걸까? 엄마는 예수가 아빠와 함께 있다고 믿었을까? 독립적이고 유쾌한 아이는 부모가 없는 시간을 사촌 친구들과 보냈을까? 우리는 알 길이 없다. 하여간 하루가 지나서야 예수가 일행 가운데 없다는 것이 드러났다. 아이가 사라지다니!

요셉과 마리아가 함께 온 사람들 사이에 아들이 없음을 알고 얼마나 놀라고 고통스러워 했을지 상상해보라. 요셉은 예수가 12살이므로 여자와 아이들과 함께 대열의 앞부분에 있을 거라고 생각한 것 같고, 마리아는 예수가 대열의 후미에서 노인과 젊은이와 함께 있을 거라고 짐작한 것 같다.

예수의 부모들은 허둥지둥 예루살렘으로 돌아가 아들을 찾는다. 그들은 엠버 경고미국에서 납치되어 살해된 아이의 이름을 딴 것으로 어린이가 실종되면 발휘되는 공개수배 프로그램–편집자주를 사용할 수 없다. 예수가 사라진지 3일이 지나서야 예수가 어디에 있는지 알게 된다. 예수는 어디에 있었을까? 예수는 성전의 뜰에서 율법교사와 이야기를 나누고 있었다.

요셉과 마리아는 아들을 찾아서 한편으로 안심했지만 아들이 일부러 뒤에 남아 있어서 화도 났다. 아마 당신은 마리아가 어떤 어조로 말했는지 짐작할 수 있을 것이다. "얘야, 이게 무슨 일이냐? 네 아버지와 내가 너를 찾느라고 얼마나 애를 태웠는지 모른다." 예수의 대답에서 비범함이 돋보인다. "내가 내 아버지의 집에 있어야 할 줄을 알지 못하셨습니까?" 성서는 요셉과 마리아가 아들을 이해하지 못했고 예수는 부모와 함께 집으로 돌아와 부모에게 "순종했다"고 말한다.

이것은 아이를 태만하게 관리한 부모를 보여주는 사례일까? 하여간 요셉과 마리아는 아이를 놔두고 떠났다. 3일간이나 아이가 어디에 있는지 몰랐다. 3일동안 누가 예수에게 음식을 주고 잠잘 곳을 제공했을까? 예수는 거대한 예루살렘을 보고 듣고서 충격을 받았을까? 오늘날 사회와 문화의 관점으로 볼 때, 이 상황은 너무 위험하여 숨이 턱 막힌다. 무책임한 부모 때문에 가슴이 답답해지는 것 같다. 그러나 예수는 이런 경험을 했지만 상처를 받지 않은 것 같다. 예수는 하나님의 손 안에서 쉬고 있었다.

아이를 제대로 돌보지 못한 부모

아이를 제대로 돌보지 못한 사례를 보여주는 성서 이야기도 있다. 마태복음 14장에서 우리는 헤롯 안티파스와 아내가 딸을 성적으로 이용하여 세례 요한을 죽이는데 앞장서도록 만드는 장면을 볼 수 있다.

헤롯과 헤로디아는 율법을 어겨가며 결혼한다. 세례 요한은 그들의 죄를 드러냈다. 이 부부는 세례 요한에게 화가 난 나머지 그가 죽는 걸 바라게 되었다. 헤롯은 이스라엘의 군주로서 요한을 처형할 권한이 있었다. 그러나 세례 요한은 갈릴리에서 명성이 자자했다. 헤롯은 백성들이 화를 낼까 두려워 요한을 죽이지 않고 감금했다.

여기서 헤롯이 생일잔치를 즐기는 장면이 나온다. 헤로디아의 어린 딸은 춤을 추었고 헤롯이 특히 즐거워했다. 헤롯은 딸이 요구하는 것은 무엇이든 주겠다고 말했다. 헤로디아의 노리개였던 어린 딸은 세례 요한의 목을 쟁반에 담아달라고 부탁했다. 헤롯은 약속했던 것을 후회했지만 어린 딸의 소원에 굴복하고 말았다. 세례 요한은 감옥에서 참수당했다. 딸은 요한의 머리를 접시에 얹어서 어머니에게 가져다 주었다.

어린 딸의 춤은 성욕을 자극했고, 잔치에 온 사람들은 술도 많이 마셨으며, 헤롯 친구들 앞에서 춤판을 벌인 효과도 컸을 것이다. 쉽게 상상할 수 있는 장면이다. 어린 딸은 남자 성인 앞에서 몸을 성적으로 전시하도록 부추김을 당했으며, 부모가 휘두른 폭력을 돕는 수단으로 사용되었다. 요컨대, 어린 딸은 성인이 저지른 불법적 행위에 노출되었다. 그것도 그녀가 그런 행위의 타당성을 스스로 판단할 수 있을만큼 성숙하기 전이었다. 더구나 그녀는 여자이고 어렸으므로 부모에게 싫다고 말할만한 능력이 없었다. 그녀는 부모에 의해 부당하게 이용당했다. 아마도 이런 행위들이 그녀의 삶을 만들어갔을 것 같다.

고아를 돌보라

NLT^{New Living Translation}은 고아라는 단어를 40번이나 쓴다. 거의 40번 모두 고아와 과부를 돌보고 이들을 억압하는 자를 정죄한다. 시편 82장 3 절은 이렇게 말한다. " 가난한 사람과 고아에게 공의를 베풀어주고, 압제 받은 자와 궁핍한 사람의 권리를 지켜주어라."

이사야 1장 17절 : "옳은 일을 하는 것을 배워라. 정의를 찾아라. 억압받는 사람을 도와주어라. 고아의 송사를 변호하고 과부의 권리를 위해 싸우라." 야고보서 1장 27절 : 하나님 아버지께서 보시기에 깨끗하고 흠이 없는 경건은 고난을 겪는 고아와 과부를 돌보아주며 자기를 지켜서 세속에 물들지 않게 하는 것입니다."

당신이 알고 지내는 고아가 있는가? 고아라는 단어는 우리가 흔히 쓰는 단어는 아니다. 이 단어와 고아원이 있던 시대는 지나갔다. 우리는 이제 이런 단어를 더는 쓰지 않는 것 같다. 그러나 그들의 필요가 없어진 것은 아니다. 죽음이나 이혼으로 부모를 잃은 아이들이나, 돌봄이나 지도가 필요한 아이들을 모두 고아로 볼 수 있겠다. 이제 다시 묻겠다. 당신이 알고 지내는 고아가 있는가? 분명히 있을 것이다.

우리 가운데 있는 고아와 과부를 돌보라는 명령을 우리는 받았다. 이것은 전혀 모호하지 않다. 하나님은 우리가 모든 아이들을, 특히 가족이 필요한 아이들을 보살피길 기대하신다.

한 아이가 상처받다

사무엘하 13장에는 강력한 권력을 가진 다윗왕가에서 벌어진 성폭행 사건이 나온다. 다윗왕은 여러 왕비와 자손을 많이 낳았다. 암논이란 아들이 있었다. 그리고 다른 왕비가 낳은 자손인 압살롬과 다말이 있었다.

이 이야기에서 암논과 압살롬은 성인이고 다말은 어린 소녀다. 암논은 배다른 어린 누이인 다말에게 푹 빠져버린다. 암논은 다말을 향한 성욕으로 미칠지경이 된다. 암논은 사촌인 요나답에게 조언을 구한다. 암논과 요나답은 함께 다말을 암논의 손아귀에 거머쥘 계략을 세운다.

암논은 병든 체 하고 문병 온 아버지인 다윗에게 누이 다말을 보내달라고 요청한다. 다말이 자기 앞에서 먹을 것을 만들어 주면 좋겠다고 말한다. 다말은 아버지의 명령에 순종하여 암논 앞에서 빵을 만든다.

암논은 이미 세워둔 계략에 따라 일단 빵을 먹지 않고 사람들을 모두 내보내고 다말과 홀로 있는다. 암논은 다말을 강제로 붙들고 잠자리를 같이 하자고 요구한다. 다말은 암논에게 그만하라고 애원한다. 암논이 자기 계획을 밀어붙인다면, 두 사람 모두에게 수치스런 일이 될 거라고 다말은 말한다. 다말은 심지어 암논에게 다음 사실을 떠올리게 한다. 암논이 자신과 결혼하기 원한다면, 그냥 다윗 왕에게 부탁하면 된다. 암논은 다말의 말을 듣지 않고 다말을 억지로 눕혀 강간한다.

강간하고나자 암논의 열정은 강렬한 미움으로 돌변한다. 암논은 다말에게 소리를 버럭 지르며 "당장 나가라"고 말한다. 다말은 다시 자신과 암논을 보호하려고 애쓰면서 "그렇게 하시면 안됩니다. 이제 나를 쫓아내시면 이 악은 방금 나에게 저지른 악보다 더 큽니다"라고 말한다. 암논은 다말의 말을 듣지 않고 하인을 불러 다말을 내쫓고 빗장을 지르라고 명한다.

몸과 마음에 고통을 받은 다말은 왕의 공주이자 처녀임을 상징하는 색동 소매 긴 옷을 찢는다. 다말이 머리에 재를 끼얹고 목을 놓아 울자 다말의 오라버니인 압살롬이 다말을 보고 묻는다. "네 오라비 암논이 너를 건드렸지? 암논도 네 오라비이니, 지금은 아무 말도 입 밖에 내지 말아라. 이 일로 너무 근심하지 말아라"

다말 이야기는 여기서 갑자기 끝난다. 성서는 다말이 압살롬의 집에서 처량하게 지냈다고 말한다. 성폭력은 수년간 다윗 왕가에 나쁜 영향을 끼친다.

다윗왕과 압살롬은 암논에게 분개했고 압살롬도 행동을 취한다. 이것은 사무엘하 13장에 나와 있다. 그러나 정의는 다시 세워지지 않았다. 다말도, 다말의 가족도 치유받지 못한다. 성서에는 압살롬과 다윗이 모두 분노했다고 기록되어 있지만, 두 사람은 암논에게 직접 이 사건을 말하지 않은 것으로 나온다. 또한 이들은 가족과 국가 전체에도 진실을 말하지 않는다.

일부 주석가는 다윗왕은 암논을 귀하게 여겼고 암논이 첫 아들이었기에 암논을 처벌하지 않았다고 주장한다.

암논이 사악한 계획을 세웠듯이, 압살롬도 암논을 죽이려는 정교한 계획을 세우고 실행에 옮긴다. 다윗왕은 장손인 암논의 죽음을 크게 슬퍼한다. 다윗왕은 나중에 압살롬과 화해하길 원했으나 이 관계는 다시 회복되지 않았다. 압살롬이 품은 분노는 자신을 태워버렸다. 압살롬은 다윗을 왕좌에서 끌어내리려 하다가 그만 살해당한다.

힘과 탐욕으로 얼룩진 이 이야기는 얼마나 슬픈가! 다말의 생각과 느낌, 필요는 얼마나 철저하게 무시되었는가! 다말은 암논에게 그만 하라고 애원했지만 암논이란 공격자에게 짓눌렸다. 암논은 누이인 다말에게 가차없이 폭력을 휘두르는 끔찍한 죄를 저지르고 말았다. 암논은 다말의 몸과 감정을 완전히 파괴하고 사회적으로 매장해버렸다. 암논은 다말의 처녀성을 빼앗았다. 즉 가족을 이루고 아이를 낳고자 하는 다말의 소망을 빼앗은 것이다. 욕정이 뒤얽힌, 한번의 폭력 때문에 다말은 평생을 치욕 속에서 살게 되었다.

알게 모르게 많은 사람이 다말의 성폭행 사건에 연루되어있다. 예를 들어, 다윗왕은 딸인 다말을 암논에게 보낸다. 거기 있었던 하인은 방에서 나와 빗장을 지른다. 아마 압살롬까지 연루되었다고 볼 수 있다. 암논은 이런 무모한 행위에 이미 익숙하다는 평판이 있었던 것 같다. 찢어진 옷을 입은 다말을 보고 압살롬은 그녀가 암논에게 당했다고 추측했다. 압살롬은 다말을 보호할 수 없었을까? 압살롬은 자기 집에 다말을 숨겼는데, 이것은 자기도 모르게 다말을 더욱 고통스럽게 했다. 그리고 압살롬은 속으로 분을 품고 복수를 계획한다.

다말의 성폭행 이야기는 오늘날 성폭력에 대한 우리의 지식과 경험과 비슷한 구석이 많다. 가해자는 피해자를 쥐고 흔들려는 욕망을 품고 피해자를 궁지에 몰아넣을 계획을 꼼꼼하게 세운다. 다윗은 암논을 섬기라고 다말에게 명령했고, 당시의 권력과 권위, 문화도 다말에게 불리하게 작용했다. 하지만 그런 것들은 다말에게 다르게 작동할 수 있었다.

이 슬픈 이야기에서 어느 편도 다말의 욕망과 생각을 고려하지 않는다. 이 사건으로 괴로워하는 압살롬의 집에서 기다리라는 말을 다말은 듣지만, 다말은 다른 기회를 얻지 못한다. 암논이 다말을 공격할 때도 다말은 계속 암논을 말렸지만 암논은 다말의 말을 듣지 않는다. 다말의 오빠인 압살롬이 다말의 보호자로 나섰을 때도 다말의 생각과 느낌은 드러나거나 고려되지 않는다. 결국 성폭행을 종종 감싸버리는 암묵적 침묵이 이 이야기에서도 나타난다. 다말은 마치 가해자가 된 것처럼 급하게 압살롬의 집으로 옮겨진다. 지금도 피해자는 "괜찮아. 곧 나아질거야"라는 말을 너무 자주 듣는다. 성폭행이라는 심각한 문제는 다윗 가족을 갈라놓는다. 그래서 양 편은 말 그대로 전쟁을 벌이면서 복수를 감행하고 결국 죽음으로 끝을 맺는다.

성서에는 자식을 잘 돌본 가족과 제대로 돌보지 못한 가족이 많이 나온다. 마태복음 22장 37절-39절에서 예수는 가장 큰 계명을 말한다. '네 이웃을 네 자신처럼 사랑하라.' 이 계명을 다시 떠올려보자. 아이는 우리의 이웃이며 돌봄과 보호를 필요로 한다는 것도 기억하자. 다음 장에서도 성서가 제시하는 사례와 구절을 살펴보자.

함께 생각하기

1. 예수는 아이들을 위해 시간을 내려고 했다. 당신은 언제 아이들을 위해 가장 쉽게 시간을 낼 수 있는가? 가장 어려울 때는 언제인가?

2. 마태복음 18장에서 예수가 칭찬한 아이같은 성격은 어떤 것인가? (예수는 어떤 아이같은 성격을 칭찬했는가?)

3. 다음 성구을 아동학대와 방임에 어떻게 적용할 수 있을까?

"너희는 어떻게 생각하느냐? 어떤 사람에게 양 백 마리가 있는데, 그 가운데 한 마리가 길을 잃었다고 하면, 그는 아흔아홉마리를 산에다 남겨 두고서, 길을 잃은 그 양을 찾아 나서지 않겠느냐? 내가 너희에게 말한다. 그가 그 양을 찾으면, 길을 잃지 않은 아흔아홉 마리 양보다, 오히려 그 한 마리 양을 두고 더 기뻐할 것이다. 이와같이, 이 작은 사람들 가운데서 하나라도 망하는 것은, 하늘에 계신 너희 아버지의 뜻이 아니다." 마18:12-14

4. 당신은 예수 가족의 강점이 무엇이라고 생각하는가? 요셉과 마리아가 예루살렘 여행 중에 보여준 양육기술에 대해 어떻게 생각하는가?눅 2:41-52

5. 당신은 다말 이야기에서 어떤 인물에게 가장 화가 나는가? 누가 다말의 강간이 일어나지 않도록 막아야 했을까? 다말도 조금은 비난받아야 하는가? 당신 스스로 답해보고 그 이유를 말해보자.

6. 당신이 속한 가족은 지금까지 어떻게 당신의 운명을 지도했는가?

실행과제

1. 마태복음을 읽으면서 아이를 언급한 구절에 주목해보자. 이제 신문을 읽으면서 아동관련기사에 주목해보자. 성서와 신문에서 아이의 지위와 역할이 어떻게 기술되어 있는가?

2. 당신의 삶에서 아이는 어떤 뜻이 있는지 생각해보자. 아이의 성격 가운데 배울만한 성격이 있는가?

3. 당신이 아는 고아를 적어보라. 이 아이들의 삶을 더 낫게 하기 위해 무엇을 할 수 있을까?

4. 사무엘하 13장–24장을 읽어보라. 등장인물의 역할을 다시 생각해보자. 각 등장인물은 다말을 보호하거나 다윗 가족을 더 단단하게 묶어주기 위해 무엇을 할 수 있었을까?

5. 당신이 속한 공동체에 있는 가족과 아이들의 이름을 적어보자. 이들의 행복과 안전을 위해 꾸준히 기도하자.

4장

아동 학대와 방임 101

너희 가운데서 아들이 빵을 달라고 하는데
돌을 줄 사람이 어디에 있으며,
생선을 달라고 하는데 뱀을 줄 사람이 어디에 있겠느냐?마7:9-10

정말 좋은 시절에는 젊은이도 서로 사귀고 결혼하고 아이를 낳고 늘 행복하게 살 것이다. 그러나 인생은 늘 그렇게 진행되지 않는다. 가족의 크기와 모양새는 정말 다양하다. 늘 그랬고 앞으로도 그럴 것이다. 조부모가 손자들을 기른다. 한 부모 가족은 자식을 돌보고 지도하려고 애쓰면서 두 개 이상의 직업을 견뎌낸다. 혼합가족은 하늘의 별자리처럼 수 많은 조합을 보여준다.

부모가 2명, 자식들도 2명 이상, 아버지는 사무실에서 일하고, 어머니는 가정을 돌보며, 흰 울타리가 있는 집에는 차고에 차가 2대 있고, 스팟이란 강아지도 있다. 이런 전형적 가족은 이제 신기루다. 아마도 우리는 이제 그런 가족을 이루려고 꿈꾸지도 않을지 모르겠다.

가족은 가족 구성원의 필요를 채워야 한다. 경제적으로 풍요롭고 정신 상태도 건전하다면, 가족 구성원은 젊든 늙었든 음식과 사랑, 보금자리에 대한 필요를 채울 수 있을 것이다. 일부 가족은 강점도 자식들에게 물려줄 수 있다. 예를 들어 이런 가족은 의미있는 종교전통과 경제적 안정, 높은 교육수준을 자손 대대로 물려줄 수 있다. 그러나 어떻게든 먹고 살려고 애 쓰면서 긍정적 양육 모범을 찾으려고 분투하는 가족이 많다.

우리는 이런 가족에 속한 아이들을 위해 힘을 합하여 아동학대와 방임을 끝장내야 한다. 이 문제에 관심있는 개인이든, 책임있는 지역사회의 일원이든, 교회 구성원이든, 공무원이든, 나름대로 역할이 있다. 우리 모두가 감당할 일은 충분히 있다. 우리가 함께 모여 아동학대와 방임을 없애려 한다면, 아동학대와 방임을 의식하며 잘 알고 있어야 한다. 이 장에서는 아동학대와 방임의 기초를 기술하고, 아동학대와 방임의 구체적 형태를 논할 것이다.

아동학대와 방임의 역사

아동학대는 거의 시초부터 시작되었다고 할 수 있다. 오래 전에 자식은 그저 부모의 소유물로 간주되었다. 대체로 아버지의 소유물이었다. 부모가 아이의 성별이나 건강을 보고 어떤 아이를 살릴지 결정하는 것은 당연했다.

비교적 가까운 과거로 가보자. 북미에서도 아이는 노동력과 경제적 유인을 제공할 능력이 있을 때만 가치있었다. 19세기 후반에야 미국 정부는 부모가 적절하게 돌볼 수 없거나 돌보지 않으려는 아이들을 책임지기 시작했다.

1912년에 미국 정부는 국립아동청을 설립했다. 그러나 1974년이 되어서야 미국 의회는 아동복지에 대한 주요한 연방정책을 처음으로 통과시켰다.아동학대방지와 조치법률(CAPTA) 이 법률은 아동학대와 방임이 무엇인지 아주 기본이 되는 정의를 제시한다. 그리고 아동 피해자를 식별하는 수단과, 아동학대와 방임으로 추정되는 행위를 신고하는 절차를 명시했다.

CAPTA를 따르면, 최소한 "부모나 양육자 편에서 행위하거나 행위하지 않는 바람에 죽음과 심각한 신체적 감정적 상해, 성적 학대나 성적 착취가 초래되었을 때"[1] 아동학대와 방임이 일어났다고 말한다.

이 연방법률은 최소한의 기준을 제공하며, 각 주는 아동학대와 방임을 나름대로 정의하고, 아동학대와 방임으로 추정되는 행위를 신고하는 절차도 나름대로 제시해야 한다.

캐나다에서는 온타리오 주가 처음으로 1893년에 아동보호법을 통과시켰다. 다른 주도 대부분 1901년까지 이 법을 통과시켰다. 1891년에 토론토에서는 아동원조협회가 처음으로 설립되었고, 1912년까지 온타리오 전역에 5개의 협회가 더 생겨났다.[2] 주와 준주는 1960년대에 의무신고법을 통과시키기 시작했다.[3] 1984년에는 어린이와 가정 보호법이 통과되었는데, 이 법은 이정표로서 3개의 일을 이루어냈다. 1)지원체계의 전문화, 2)아동복지업무에 대한 주 정부의 책임 강조, 3)예방 중심의 비제도적 지원으로 전환. 2007년에는 캐나다 연방법원은 아동원조협회가 어린이와 가정 보호법에 따라 아이에게 최선의 이익을 보장하고, 학대와 방임에서 어린이와 청소년을 보호하며, 그들의 행복을 보장한 권한을 가진다는 것을 다시 확언했다.4)

아동학대와 방임의 현주소

미국에서는 아동복지정보관문Child Welfare Information Gateway이 미국내 아동학대와 방임에 대한 정보와 통계를 많이 보유한다. 당신이 상상하는 것보다 더 많을 것이다. 이런 정보관리기관은 www.childwelfare.gov에서 쉽게 찾을 수 있다. 미국 보건복지부에서 아동복지정보관문을 만들었다. 아동복지정보관문에서는 아동복지에 관련된 모든 출판물과 전자문서를 볼 수 있다.

캐나다에도 미국의 아동복지정보관문과 상응하는 기관이 있다. 바로 가정폭력 국가정보관리국보National Clearinghouse on Family Violence : NCFV이다. 캐나다 공중보건국은 가정폭력대책을 통해 가정폭력 국가정보관리국을 관리한다. NCFV는 영어권과 불어권에서 벌어지는 예방과 보호, 치료에 대한 자원을 모으고 개발하고 전파한다. NCFV는 www.phac-aspc.gc.ca/ncfv-cnivf에서 볼 수 있다.

미국 아동복지정보관문에 올라와 있는 유용한 문서를 하나 살펴보자. "아동학대와 방임에 대한 통합 방지책 : 기초 방지법"Goldman and Wolcott, 2003 문서는 지침서인데, 이 지침서에는 아동학대와 방임에 대한 지역사회의 올바른 대처방법에 전제된 기본 원칙이 나와 있다.

- 가족관계를 단단하게 하고 아동학대와 방임의 개연성을 줄이려면 예방 프로그램이 필요하다
- 지역사회의 시민과 전문가는 아동학대를 신고할 책무를 함께 진다.
- 아이가 성장하는 가장 좋은 자리는 안전하고 지속되는 가족이다.
- 부모나 양육자가 아이를 안전하게 보호하고 적절하게 돌볼 책무를 이행할 수 없거나 이행하지 않으려 할 때, 아동보호국은 개입할 권한을 가진다.
- 부모는 대부분 좋은 부모가 되려고 한다. 부모가 적절하게 지원을 받을 때, 부모에게는 아이를 안전하게 보호하고 돌볼 힘과 능력이 있다.
- 가족이 아이를 보호하고 기본 필요를 채우도록 도우려면, 공동체나 지역사회는 관련된 사람을 모두 존중해야 한다.

● 아동보호서비스는 개인에게 맞게 조정되어야 한다.

● 아동보호문제에 개입할 때 가족문화와 신념, 관습에 민감해야 한다.

● 아이의 행복을 온전히 보호하려면, 조직이나 단체는 아이를 영구적으로 돌볼 사람에게 아이를 최대한 빨리 맡겨야 한다.[5]

나이와 상관없이 아이들은 학대당하고 방임된다. 안타깝게도 피해자 가운데 상대적으로 어린 아이들이 더 많다. 2008년 미국에서는 아동학대 피해자 가운데 거의 삼분의 일이 4세 이하였다.

여아는 나이에 상관없이 남아보다 조금 더 많이 피해를 당하는 것 같다.[6] 2003년 캐나다에서는 피해자의 22%가 4세 이하였고, 남아가 여아보다 조금 더 많이 피해를 당한 것 같다.[7]

2008년 미국에서는 7십9만4천명의 아이가 학대를 당했다. 이것은 아이 1천명당 10.3명이 피해자라는 뜻이다. 아동보호국의 평가나 조사를 받은 아이는 3백7십만에 달한다. 이들은 학대나 방임을 당할 위험에 처할 수 있다는 뜻이다. 캐나다 경찰의 자료를 따르면, 2007년 자신의 가족에게 신체적, 성적 폭행을 당한 아이와 청소년은 1만3천2백명이었다.[8] 아동복지에서 소수인종의 아이들은 지나치게 부각되어있다.[9] 예를 들어 캐나다는 오스트레일리아 원주민의 아이들이 부각되고, 미국에서는 아프리카계 미국인 가정의 아이들이 돋보인다.[10]

아래 표가 보여주듯이, 미국의 아동 학대피해자의 약 사분의 삼이 방임으로 고통을 겪는다. 나머지 종류의 학대와 방임에 시달리는 아이의 비율은 훨씬 적다.[11] 2008년 미국에서 아동학대로 사망한 아이의 거의 삼분의 일인 32%는 방임 때문에 사망했다.[12] 당신은 이 사실에 놀랄지도 모르겠다.

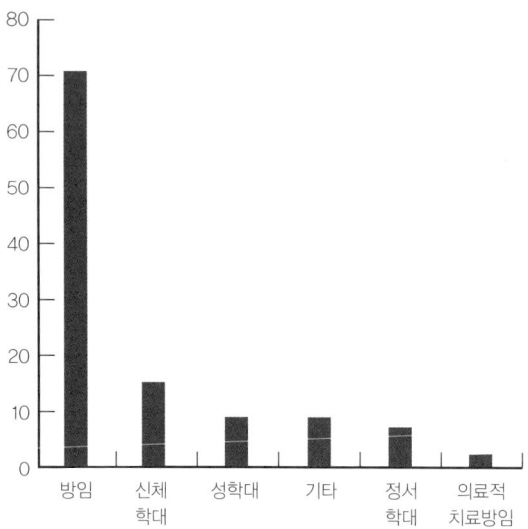

아동학대 유형에 따른 피해자 비율

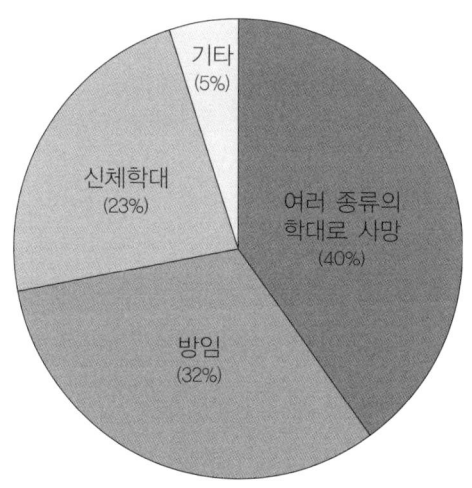

아동 사망자와 학대 유형

신앙 공동체에 있는 아이도 아동학대에서 자유롭지 못하다. 2006년 미국 메노나이트 교회 구성원 가운데 21%의 여성과 6%의 남성이 성적으로 학대당하거나 성폭행을 당한 적이 있다고 증언했다. 12%의 여성과 4%의

남성은 어릴 때 학대를 받았다고 말했다.[13]

20년 전에 캐나다 메노나이트 교회에서도 조사를 했는데, 비슷한 결과가 나왔다. 27%의 여성과 15%의 남성이 18세 이전에 성적으로 학대를 당한 적이 있다고 증언했다.[14] 약 20년전에 기독교 개혁교회가 행한 조사에서도 28%의 성인 교인들은 어릴 때 학대나 방임의 피해자였음이 밝혀졌다.[15]

학대나 방임을 경험하고 있는 아이들에게 이런 수치는 중요하지 않다. 도움이 필요할 때 도움을 받고 보호를 받는 것이 이들에게 중요하다. 우리 아이와 가족이 상처를 받지 않도록 온갖 학대와 방임을 중단하는 일에 나서야 한다.

전세계의 아동학대

안타깝게도 전세계의 아이들도 학대와 방임으로 고통당하며, 폭력과 착취, 차별로 신음한다. 사회규범과 정치체제가 다양한 나라들에서 아동보호를 위반한 사례를 판단하는 작업은 어렵다. 그러나 유니세프가 발간한 '전세계 어린이의 상태'란 간행물을 보면, " 폭행을 당한 아이는 5억명에서 15억명까지 추산되며, 5세에서 14세 사이 아이 가운데 1억5천만명이 미성년노동자이다. 29개 국가에 있는, 15세에서 49세 사이 여자와 소녀 가운데 7천만명 이상이 여성성기절제를 당하고 있다."[16]

대부분 국가도 신체적, 성적 학대는 아이에게 치명적이라고 인정한다. 그래서 학대와 방임을 당하기 쉬운 아이를 찾아내어 보호하는 것은 여러 국가가 공유하는 목표다. 아동학대와 방임의 예방을 위한 국제연합이 행한 조사를 따르면, 조사에 응한 국가의 90%는 아동학대에 대한 국가 차원을 정책을 가지고 있었다. 사회가 붕괴되면서 경제적으로 너무나 궁핍한 아이들은 특히 위험한 상황에 처해있다.[17] 하지만 미국도 예외는 아니다.

유니세프는 "선진국의 아동복지 개관"이란 연구를 수행하면서 아동복지를 6개의 차원으로 분석했다. 유니세프는 21개 국가를 조사했는데, 캐나다는 12위였고, 미국은 20위였다. 미국의 순위는 최하위에서 두 번째인 셈이다. 이것은 전체 순위다. 아동의 건강과 안전의 측면에서 캐나다는 13위, 미국은 21위였다. 가족과 친구 관계 차원에서 캐나다는 18위, 미국은 20위다.[18] 확실히 우리 미국인은 아이를 위해 지역사회와 국가 수준에서 할 일이 정말 많다.

미국은 1989년에 "아동권리협약"에 대한 국제조약을 받아들였다. 이 조약은 아동권리를 소중하게 여기고, 특히 아동이 교육과 의료의 혜택을 누리도록 보장하려 한다. 이것은 "아동의 인격이 온전하고 조화롭게 개발되려면 아동은 가족안에서 행복하고 사랑과 이해를 받으면서 성장해야 한다고 인정한다."[19] 이 국제조약은 가장 널리 비준된 인권조약이다.[20]

아동학대와 방임은 어떤 결과를 낳았나?

아동학대와 방임은 아이와 가족, 교회와 사회에 끔찍한 상처를 남긴다. 피해를 당한 아이는 몸과 감정이 상하고 정신과 행동에 이상이 생긴다. 가족이 입은 상처는 지워지지 않는다. 교회가 아동학대와 방임에 얽히게 된다면, 교회는 충격을 받을 것이다. 그리고 자신이 어떤 역할을 해야 하는지 고심할 것이다. 사회도 제도적으로 대가를 치른다. 법과 경찰이 개입하고 정신건강프로그램을 포함한 의료지원도 실행된다.

아동학대와 방임이 아이에게 끼치는 영향은 여러 요인에 따라 달라진다. 예를 들어, 학대나 방임이 일어났을 때, 아이의 나이와 발달수준, 학대의 유형, 빈도, 지속, 정도, 학대자와 피해자의 관계같은 요인이 있다.[21]

일부 학대와 방임은 곧바로 피해자에게 상처를 입힌다. 반면, 부모와 긍정적 관계를 맺지 못하거나 신체적 감정적 필요를 채우지 못할 때, 나타나는 피해도 있다.

골절과 자상, 멍 같은 신체 상해는 금방 확인된다. 다른 종류의 상해도 있다. 예를 들어, 유아와 어린이에게는 두뇌발달장애가 나타난다. 그리고 건강도 형편없게 되고, 성적性的으로 전달되는 병도 있다.

아동학대와 방임이 감정에 끼치는 영향도 대단하다. 아동학대와 방임을 당하게 되면, 아이는 혼자라는 생각에 빠져 우울해진다. 사회에서 관계를 맺는 것도 힘들어지고, 남을 믿고 싶지 않게 되며, 애착장애도 생긴다.

아동 피해자는 종종 인지에도 손상을 입는다. 예를 들어, 대체로 7세 이전의 아이들은 언어발달이 지체될 수 있으며, 학교에 들어간 아이들은 학업성취가 저조할 수 있다. 학대나 방임을 이미 겪은 사춘기 청소년은 법을 어기고 술이나 마약을 남용할 가능성이 높다.

사회는 아동학대와 방임의 결과를 겪고 있다. 그래서 사회는 아동복지와 법률, 보건의료체계에 자원을 투자하여 아이와 가족의 필요에 대응해야 한다. 아동학대와 방임으로 사회가 치르는 간접비용은 어마어마하여 상상도 안된다. 범죄와 감금, 의료, 가정폭력과 약물남용에 대한 치료, 노동생산성 감소에 따른 비용을 사회가 치르게 된다.[22]

아동학대와 방임의 피해는 널리 퍼지므로 숫자로 표시하기 어렵다. 일단 학대와 방임이 아예 일어나지 않도록 최선을 다해야 한다. 우리가 예방에 힘쓴다면, 아이에게 유익하도록 세상을 조금이나마 바꿀 수 있을 것이다. 아동학대와 방임이라는 비극을 예방하려면 먼저 학대와 방임의 여러 유형을 이해해야 한다.

다음 장에서는 학대와 방임의 4가지 유형방임, 정서학대, 신체학대, 성적 학대을 정의하고 설명할 것이다. 아이가 받는 효과와 4가지 유형을 인지하는 방법을 기술하고, 이런 유형의 학대를 끝내기 위해 우리가 무엇을 할 수 있는지 토의할 것이다. 마지막 주제가 무엇보다 중요하다.

함께 생각하기

1. 완벽한 가족이 있다면, 그 가족은 도대체 어떤 모습으로 어떻게 행동할까?

2. 당신이 사는 시나 도에서 아동학대를 어떻게 정의하는가? 부록 참조

3. 지역사회에서 아동학대가 얼마나 벌어지는지 아는가?

4. 당신이나 당신의 공동체는 골드만과 월코트가 내놓은 철학적 원칙 가운데 어느 것을 지지하는가? 당신이 보기에, 신앙공동체는 어느 원칙에 따라 역할을 감당하는가?

5. 당신의 가족을 돌아보라. 20년이나 50년 전에는 허용될 수 있었지만, 지금은 아동학대나 방임으로 불릴 수 있는 행동이나 방기가 있는가? 당신은 이런 변화를 어떻게 설명할 것인가?

1. 아동보호전문기관 사이트 http://www.korea1391.org를 검색해보라. 당신이 사는 곳에 해당하는 정보를 찾아라.

2. 유엔의 아동권리조약을 읽어보라. 부록 참조 한 나라가 이 조약을 비준하려는 이유와 비준하지 않으려는 이유를 토의해보자.

3. 당신의 지역사회에서 일하는 아동복지담당자를 당신이 맡은 수업이나 당신이 속한 집단에 초대하라. 당신의 지역사회에 거주하는 아이와 가족에게 유익한 변화를 일으키기위해 무엇을 할 수 있는지 생각해보라.

5장

방임과 정서 학대 들여다보기

선한 말은 꿀송이 같아서, 마음을 즐겁게 하여 주고,

쑤시는 뼈를 낫게 하여 준다. 잠16:24

    온갖 아동학대 가운데 방임이 가장 자주 일어난다. 아이의 기본 필요를 채우지 않는 행위를 보통 방임이라고 한다. 신체와 의료, 교육, 감정의 영역에서 방임이 일어날 수 있다. 캐나다에서는 방임을 이렇게 정의한다. "아이가 피해를 당하거나 양육자가 아이의 필요를 채우지 않거나 아이를 보호하지 않는 바람에 아이의 안전과 발달이 위태로워질 때 방임이 일어났다고 한다."[1] 오래동안 제대로 먹지 못하고, 의료 서비스를 받지 못하며, 교육에 신경쓰지 못하고, 감정을 박탈당한다면 아이는 심하게 해를 입을 수 있음을 짐작할 수 있을 것이다.

> **두 가지 방임 :**
> ▶ 물리적 방임
> ▶ 지켜보지 않고 내버려 둠

물리적 방임

아동 피해자의 절대 다수가 경험하는 넓은 의미의 방임은 물리적 방임이다. 물리적 방임은 양육자가 필요한 음식과 거주지나 적절한 감독을 제공하지 않는 행위다.[2] 방임된 아이는 만성적으로 굶주리고 옷도 제대로 입지 않으며, 씻지 않거나 아플 때가 많다.

한랭 전선이 통과한다는 것을 모르고 재킷을 입히지 않은 채 아이를 학교에 보낸 날을 기억하는가? 아마 집으로 돌아올 때까지 아이는 추위에 벌벌 떨었을 것이다. 그러나 이런 행위는 방임으로 분류되지 않을 것이다. 겨울날씨에도 코트를 입히지 않은 채 아이를 계속 학교에 보내는 행위가 방임이다. 다른 학대와 비슷하게, 물리적 방임은 아이에게 해를 입히는 행동이나 방기의 유형이다.

방임을 생각할 때면, 9개월된 사바나의 모습이 떠오른다. 나는 처음부터 사바나의 얼굴에서 방임의 흔적을 보았다. 그 모습은 나에게 평생 남을 것이다. 사바나의 엄마인 루스는 18세였다. 루스는 임신하고 나서 학교를 중퇴했다. 적어도 나와 있을 때 사바나는 씻지 않은 상태였다. 옷도 지저분하고 피부에도 때가 보이며 기저귀에 배설물이 꽉 차서 사바나가 지저분한 마루를 기어갈 때면 기저귀가 몸에서 떨어져 나가려 했다. 그래도 루스에게 사바나를 위한 유아용 식사의자가 있었다. 그러나 식사의자에는 오래된 음식이 잔뜩 말라붙어있었다. 음식을 담는 접시는 몇 주간이나 씻지 않은 것처럼 보였다.

내가 루스 집을 방문할 때마다 다른 남자가 카우치에서 자고 있었다. 마약을 복용했을까? 사바나가 아플 때 과연 루스가 의료기관을 찾아갈지 확신이 서지 않았다. 그래서 나는 방임을 근거로 루스를 아동보호국에 신고해야 했다. 나는 지역사회사업가로서 루스가 자신과 아이를 잘 돌보도록 온갖 수단을 제공하려고 이미 노력했다. 그러나 루스는 내가 제공한 수단을 이용하지 않았다. 나는 루스가 마음을 가다듬을 때까지 기다릴 수 없었다. 사바나의 기본적 복지가 위태로웠기 때문이다. 아동보호국은 사바나를 데리고 와서 위탁보호를 했다.

사바나의 가족에는 방임을 유발할 수 있는 위험요인이 많다. 사바나의 엄마인 루스는 젊고, 미혼인데다, 가난하고 고등학교 중퇴자였다. 루스는 아무 남자나 집에 들였고 결국 여자 아기까지 남자에게 노출시켰다. 루스는 술이나 마약을 남용했을지 모른다. 이런 요인이 방임을 일으키는 단일 원인으로 밝혀진 적은 없다. 그러나 이 요인들이 합해지면, 재앙을 불러올 근원이 된다.

가난이 아닌 다른 이유로 옷과 음식, 거주지, 의료적 돌봄을 박탈하는 행위도 물리적 방임이다. 가난은 방임을 일으킬 수 있는 위험 요인이다. "일년에 소득이 1만5천달러 이하인 가족의 아이는 일년에 소득이 3만달러 이상인 가족의 아이보다 학대를 경험할 가능성이 22배나 높다."[3] 그리고 방임을 경험할 가능성은 44배나 높다. 그렇지만, 가난한 가족은 대부분 자식을 방임하지 않는다.

가난한 부모들은 대부분 자식의 필요를 채우려고 최선을 다한다. 이것은 부모들이 쓸 것을 쓰지 않고 살아야 한다는 것을 뜻한다. 가난한 부모들은 정말 열심히 일하면서 조그만 수입도 쪼개쓰려고 애쓴다. 자식을 방임하는 부모는 자식의 필요를 고려할 수 없다. 가난한 부모와 자식을 방임하는 부모는 이렇게 다르다. 자식을 방임하는 부모에게 공감능력이 없을지 모른다. 그들은 마약에 찌든 나머지 자식의 필요를 알아채지 못했을 수 있다. 그들은 개인이나 집단의 폭력을 늘 두려워하며 살고 있는지 모른다.

대형 텔레비전이나 비싼 가구가 있지만 아기는 기저귀를 차고 있지 않고 아이는 옷도 제대로 입지 않고 밥도 먹지 못한다면, 이 가족은 자식을 방임하고 있다. 이런 가족도 생각난다. 고급 주택에 살면서 3주간 디즈니 월드에 놀러갈 계획을 세우면서도 자식에게 옷을 사주거나 학업을 뒷받침 할 수 없는 가족도 있다.

아이를 지켜보지 않고 방임함

아이를 지켜보지 않고 내버려 두는 바람에 많은 아이가 매일 위험에 처해있다. 아이를 집에 홀로 두고 외출할 수 있는지 고민하는 가족이 꽤 있다. 법은 아이를 집에 홀로 둘 수 있는 나이를 정확히 명시하지 않는다. 그렇게 법으로 정하려면 생각해야할 요인이 많기 때문이다.

예를 들어, 아이의 성숙도와 이웃과 거주지의 안전, 집에 있는 형제와 자매를 생각해보아야 한다.

에바는 24살이었다. 남편은 감옥에 있었다. 에바는 나이든 어머니와 아직 6살이 안된 아이를 3명이나 돌보아야 하는 형편이었다. 어머니와 아이들을 돌보려면 일자리가 필요했다. 에바는 일을 하고 싶었다. 에바는 교육도 별로 받지 않았고 직업기술도 거의 없었다. 그래서 에바가 할 수 있는 일은 별로 없었다. 에바가 받는 쥐꼬리만한 임금으로 아이를 돌볼 여유있는 계획을 세울 수 없었다. 에바는 버스를 타고 출근해야 했다. 이것도 에바의 시간을 잡아먹었다.

얼핏보면, 에바의 어머니가 아이들을 돌볼 수 있을 것 같다. 그러나 경찰은 아이들만 집에 있고 할머니는 집주변을 어슬렁거리는 것을 목격했다. 이 때 에바는 현실을 똑바로 쳐다볼 수 밖에 없었다. 즉 에바의 어머니는 알츠하이머병에 걸려 병세가 심해졌기 때문에 아이를 돌볼만한 적절한 양육자가 더는 될 수 없었다. 에바는 아이를 탁아소에 맡겼다. 그러나 학교수업이 갑자기 빨리 마치거나 아이가 아플 때 무엇을 해야할지 몰랐다.

에바는 예전에도 아이들을 집에 홀로 둔 적이 많았다. 지금까지 아무 일도 없었다. 한번 더 아이들을 집에 둔다고 해서 해가 될까? 일하러 가지 않으면 해고될지 모른다. 월세를 내고 아들에게 필요한 신발을 사려면 급료지급수표가 필요했다.

어느날 일하고 있는데 구급대에서 전화가 왔다. 구급대는 에바의 아파트로 출동하라는 지시를 받았다고 했다. 이웃은 물건이 부서지는듯한 소리가 크게 나면서 아이들의 비명을 들었다. 6살된 아들이 옷장 위에 있는 리모컨을 잡으려고 옷장을 당겼는데, 그만 옷장과 텔레비전이 자기 위로 넘어졌다. 구급대는 옷장을 치우고 아들을 병원으로 데려갔다. 아들은 팔이 부러지고 말았다. 아동보호국에서 에바 가족을 돌보게 되면서, 에바는 아이를 더 나은 탁아소에 보내고, 어머니도 노인주간보호센터에 보냈다. 그리고 아동보호국에서 보낸 멘토가 올바른 양육기술을 알려주고, 아이가 무엇을 할 수 있는지 가르쳐주었다.

안타깝게도 복지관련법은 가난한 가족이 아이를 지켜보고 돌보는 일을 더욱 어렵게 만들고 있다. 복지관련법률은 부모가 취업을 해야한다고 강조하지만 탁아소가 제대로 운영되도록 충분한 자금을 제공하지 않는다.

최저임금밖에 주지 않는 직업으로는 가족이 아이를 돌보기 어렵다. 부모는 집과 음식, 의료를 위해서도 돈을 벌려고 한다. 어처구니 없게도, 최저임금을 받는 부모는 대부분 정부의 양육지원비를 받을 수 없다. 이 부모들이 받는 임금이 정부가 정한 기준보다 더 많기 때문이다. 그러나 이들이 버는 돈으로는 양육을 제대로 감당할 수 없으며 다른 생활비도 충당할 수 없다.

아이를 지켜보지 않고 방임하는 행동 양식은 특히 잘 바뀌지 않는다. 아이를 혼자 내버려두었을 때도 대체로 아무런 일이 일어나지 않았으므로 이런 부모들은 앞으로도 문제가 생기지 않을 거라고 믿어버린다. 불행하게도 아이는 혼자 집에서 안전하게 지낼 수 있는지 판단할만한 능력을 가지고 있지 않다.

8살인 잭슨은 다락에서 라이터를 봤다. 라이터를 켰을 때 작은 불꽃이 솟아올랐고 잭슨은 불꽃놀이에 푹 빠졌다. 잭슨 옆에 있는 신문더미에 불이 붙었지만 잭슨은 의식하지 못했다. 불이 점점 번져 다락을 모두 삼켜버렸다. 잭슨은 불길을 피했지만 어린 동생과 여동생은 피하지 못했다. 이제 잭슨은 성장했다. 그러나 장난으로 시작된 불이 동생들을 삼켜버렸다는 죄책감 가운데 살아간다. 분명히 잭슨의 엄마도 집에서 아이들을 보호했어야 했다는 죄책감 가운데 살아가고 있을 것이다.

레티샤는 친구 집에서 물건 하나를 가져오고 싶었다. 레티샤보다 10개월 어린 마리는 카우치에서 잠들어 있었다. 레티샤는 몇 분 정도 집에 없어도 될 것 같다고 생각했다. 레티샤가 잠시 외출한 사이에 마리가 일어나 화장실로 기어갔다. 마리가 좌변기에 기댔을 때 그만 장난감을 빠뜨렸다. 마리는 장난감을 주우려고 몸을 기울이다가 변기에 머리가 빠지고 말았다. 안타깝게도 레티샤가 집에 돌아왔을 때 마리는 이미 익사한 상태였다. 구조요원도 살릴 수 없었다. 레티샤는 아이를 늘 지켜보아야 하며 아이가 활동하는 공간을 안전하게 만들어야 함을 너무나 힘겹게 배운 것이다.

6개월된 쌍둥이인 조세와 제랄드의 엄마는 아이들을 데리고 술집에 갔다. 엄마는 꼭두새벽에 잠시 눈이 마주친 사람에게 아이들을 맡겨두고는 남자친구와 술집을 나가버렸다. 아이들은 술집 주차장에 버려져있었다. 엄마는 자신이 아이를 낯선 사람에게 맡겼으며 그 사람의 이름조차 모른다고 경찰에게 자백했다.

방임에 대해 어떻게 대응할까?

방임은 똑바로 바라보면서 바꾸는 것이 가장 어려운 학대에 속한다. 가족을 정말 돕고 온전하게 만들려면, 우리는 가족과 관계를 맺고 형편과 필요를 제대로 이해해야 한다.

우리는 청소용품도 줄 수 있다. 그러나 가족이 청소용품을 사용하는 법을 모른다면, 그들은 가정에서 아이의 방임을 실제로 막지 못할 것이다. 우리는 아이가 기는 법을 배울 때는 마루를 깨끗하게 청소해야 한다고 부모에게 말하고, 세균의 작용을 부모에게 가르칠 수 있다. 세균이 어떻게 아이에게 병을 유발하며, 아이가 병에 걸리지 않게 무엇을 해야 하는지 가르칠 수 있다. 우리는 영양상태를 부모에게 가르치고, 비싸지 않으면서 영양가있는 식재료를 구입하도록 부모를 도울 수 있다. 아이는 이런 재료로 만든 음식을 먹을 것이다! 우리는 부모에게 아동발달을 가르칠 수 있다. 그리고 아이를 안고 품어주고 아이에게 말을 걸어야 함을 이해하도록 부모를 교육할 수 있다. 우리는 아이가 사악하거나 부모가 싫어서 우는 것이 아니라고 부모에게 알려주어야 한다. 배고프고 지루하거나 기저귀를 갈아야 한다는 것을 부모에게 알리려면 아이는 울 수 밖에 없다. 우리는 방임을 유발하는 근본 원인을 이해하려고 애쓰면서, 유연하고 창의적이며 훌륭하게 방임에 대응해야 한다.

성서는 아예 "너의 자식을 방임하지 마라"라고 명령하지는 않는 것 같다. 하지만, 성서는 우리가 일을 하여 가족의 필요를 채우려 한다고 예상한다. 마6:7

창세기를 보면 사라와 아브라함의 양육능력이 의심스러워진다. 사라와 아브라함은 자식이 없어서 무척 실망했다. 사라는 이 상황을 바로잡을 계획을 세우고 여종을 아브라함에게 보내 관계를 가지게 한다. 사라는 여종과 여종의 아들을 시기하면서 이 계획이 거꾸로 돌아가기 시작한다. 사라와 아브라함은 아이를 양육한 적이 없었다. 그래서 하갈과 이스마엘을 쉴 곳조차 없는 광야로 쫓아내면서 한 줌 물과 음식만 준 걸까? 하갈은 절망 속에서 이스마엘을 덤불 아래 눕히고 다른 곳으로 물러났다. 아들이 죽는 모습을 보고 싶지 않았기 때문이다. 다행히 하나님은 하갈과 이스마엘의 필요를 채우셨다.

하갈과 이스마엘을 광야에 버린 행위는 오래동안 아들을 기다린 부모가 한 행위라고 보기에 너무나 기괴하다. 그러나 이 이야기는 아들을 주겠다는 하나님의 약속을 무시하고 나름대로 방법을 고안한 부모의 죄를 지적하는 것 같다.

방임이 치명적 행위라는 사실을 축소해서 안된다. 우리는 개인과 집단 수준에서 부모가 필요한 것을 구비하여 아이를 안전하게 보호하도록 도와야 한다. 아이가 방임된다고 추정되면 아동보호국나 경찰에 꼭 신고해야 한다. 당신이 그렇게 행동할 때, 당신은 아이의 삶을 바꿀 수 있다.

정서학대

정서학대는 증명하기 어려운만큼 정의하기도 어렵다. 아이가 당한 정서학대는 보통 흔적을 남기지 않는다. 그래서 측정하거나 사진으로 찍을 수도 없다. 그렇지만 정서학대는 아이의 마음과 정신을 긁어버리며 이 상처는 도무지 아물지 않는다. 계속해서 희생양으로 지목당하고, 거부당하거나, 부모나 양육자에게 폭행을 당하는 것도 정서학대에 속할 수 있다. 부모가 자식에게 너는 소중하고 사랑스러우며 보호받고 있다고 말하지 않는 것도 정서학대가 될 수 있다.

이런 행위가 반복해서 나타나면, 아이가 하나님과 자신, 타인과 관계맺는 능력이 손상된다.

정서학대도 여러모로 나타나며, 정서학대가 행위양식으로서 반복될 때, 아이에게 가장 큰 피해를 입힌다. 무시는 정서학대의 한 유형이다. 부모는 아이를 경멸하면서, 비하하고 수치심을 심어주며, 비웃고, 대놓고 창피를 준다. 아이 앞에서 아이에게, 아이에 대해 하는 말은 아이의 정신에 흔적을 남긴다. 이 흔적은 쉽게 지워지지 않는다. 정서학대는 아이의 약한 자아감을 침식하고, 부족한 존재라는 느낌과 두려움을 불어넣는다.

겁주기도 정서학대다. 부모는 때리고, 버리며, 아예 죽여버리겠다고 아이에게 겁을 준다. 아이의 발달수준을 고려하면, 아이에게 한 위협은 있는 그대로 받아들여진다. 부모가 아이에게 "넌 김일성 같아. 정말 김일성 만큼 게을러!"라고 말할 때, 아이는 거울을 보며 자기가 김일성처럼 생겼다고 생각할 수 있다. 한번만 더 대들면 경찰서에 데리고 가겠다고 겁을 주면, 아이는 경찰서를 무서워할 뿐더러 부모도 무서워한다. 더구나 정서학대는 실제로 도움을 받는 처지에 있는 아이의 자아상을 부정적으로 일그러뜨릴 수 있다.

최근에 한 아이가 발가락을 부딪히고는 엄마에게 달려갔는데, 엄마는 안심시키지 않고 오히려 "병원에 가자. 의사 선생님이 네 발가락을 자르실거야!"라고 겁을 주었다. 당연히 아이는 충격을 받아 멍한 표정을 짓더니 다시 놀러 나갔다. 나는 이 엄마가 웃으며 혼자 중얼대는 소리를 들었다. "바로 이렇게 대처하는거야! 이제 아플 때마다 울면서 나에게 뛰어오지 않을 거야."

이 장면만 본다면, 당신에게 별로 와닿지 않을 수 있다. 그러나 이런 냉혹한 반응이 반복되면, 아이는 부모가 자신을 보호하고 위로하지 않는다고 믿게 될 것이다. 앞의 사례에서 아이는 의사에 대한 왜곡된 상을 가질 것이다. 이런 이미지 때문에 앞으로 치료가 필요할 때도 아이는 의사를 두려워하게 될 것이다. 이 엄마는 아이에게 상처를 주었고, 자신을 속여 아이와 사랑을 주고 받는 관계를 깨어버렸다.

엄마는 오히려 발가락을 재빨리 살펴보고 아이의 이마에 키스를 해주었어야했다. 그랬다면, 아이는 기분이 더 나빠지지 않고 즐겁게 다시 놀았을 것이다.

아이를 홀로 두는 것도 정서학대가 될 수 있다. 아이를 홀로 둘 때, 부모는 아이의 활동과 표현을 이해하기 힘들만큼 제한한다. 나는 평범한 활동을 허락하지 않는 가족들을 만난 적이 있다. 이들은 아이가 밖에 나가 놀거나, 놀이터에서 친구를 사귀거나 운동과 교과외활동을 하지 못하게 한다. 다시 말하지만, 나도 우리 아이들에게 적당한 한계를 제시해야한다고 생각한다. 아이의 안전과 행복을 고려하고 가족의 자산을 고려하면서 우리는 적당한 기준을 제시할 수 있다.

그러나, 아이가 자기 나이에 맞는 평범한 활동도 하지 못하게 할 때, 정서학대가 시작된다. 이렇게 활동에 제한을 당하는 아이는 학교에 들어가더라도 집으로 곧바로 와야 하며 다른 아이와 절대 놀지 말고 아예 말도 하지 말라는 지시를 받는다. 전화와 이메일, 문자보내기도 엄격하게 금지된다. 이렇게 고립된 아이는 세상을 이상하게 두려워하면서 중요한 사교기술을 개발하지 못한다. 사교기술이 있어야 소통하고 공감하며 나누는 법을 배울 수 있다.

아이의 안전을 걱정하거나 자신이 우울증에 걸려 아이를 고립시키는 부모도 있다. 이유야 어찌되었든, 냉혹하고 합당하지 않은 고립 때문에 아이는 감정과 사회성을 개발할 기회를 잃어버린다. 이런 아이는 나이가 들면 반항하면서 건강한 관계를 맺을 수 없다. 그들은 쉽게 표적이 되어 피해자가 되거나, 우리가 뉴스에서 본대로 무섭게 타인에게 달려들 수 있다.

아이를 착취하거나 나쁜 일에 이용하는 짓도 정서학대다. 이런 학대를 당하는 아이는 부당한 상황이나 행위에 노출된다. 미란다는 6살이다. 미란다의 아빠는 미란다에게 함께 포르노를 보자고 유혹했다. "미란다는 세상을 알고 무엇을 피해야 하는지도 알아야 해요." 미란다의 아빠는 나에게 이렇게 설명했다.

레퀴샤의 아빠는 9살된 레퀴샤에게 자신과 자기 친구들을 위해 옷을 차려입으라고 명령했다. 그리고 남자들을 유혹하는 춤을 추라고 부추겼고 레퀴샤는 그들 앞에서 옷을 벗었다. 술에 취한 아빠가 쓰러졌을 때, 이미 그는 레퀴샤를 보호할 힘도 없었다.

이 사례에서 알 수 있듯이 정서학대에는 다른 학대가 자주 뒤따른다. 정서학대는 거의 신고되지 않으며 입증되는 일은 더욱 드물다. 안타깝게도, 정서학대를 입증하기는 너무 어렵다. 대부분의 법률은 이렇게 규정한다. 아이에게 입힌 상해가 관찰되거나 측정될 수 있어야 정서학대를 저지른 자가 기소될 수 있다. 감정적으로 학대당한 아이는 여러모로 피해를 입는다. 이런 아이는 화를 바깥으로 토해내고 남을 공격하거나 폭언할 수 있다. 혹은 고통을 안으로 돌려 낮은 자존감과 무기력으로 고심한다. 사춘기가 되면, 마약에 중독되거나 우울증과 자살 충동에 빠지기 쉽다.

나는 내가 가르치는 학생과 함께 교회에서 이런 질문을 했다. 어떤 유형의 아동학대와 방임을 가장 주의해야 할까? 교회 구성원은 한결같이 어떤 유형이든 주목해야 하며 어떤 유형이라도 아이에게 피해를 준다고 답했다. 교회 리더들도 교회에 속한 가정안에서 벌어지는 정서학대가 걱정스럽다고 줄곧 말했다. 우리 질문에 응답한 사람들은 일부 부모는 자식에게 지나치게 소리를 지르거나 무시하는 이름으로 자식을 부른다고 인정했다. 그들이 느끼기에, 특히 사춘기 자식을 둔 부모들이 그랬다. 교회 리더들도 이런 현실에 어떻게 대응해야 할지 모르는 것 같았다. 교회 리더들은 부모와 잘 지내면서 그들을 질책하지 않으려 했다. 하지만 교회 리더들은 정서학대가 아이에게 피해를 준다는 것도 알고 있었다.

정서학대에 어떻게 대처할까?

 어떻게 하면 아이가 정서학대를 당하지 않을까? 일단 우리가 신앙공동체에서 할 수 있는 일은 말조심이다. 교제하면서 커피를 마시든, 교회일을 논의하면서 논쟁이 벌어지든, 지붕을 잇든, 하나님을 높이고 기쁘게 하는 말을 사용해야 한다. 노인이든, 젊은이든, 우리가 하는 말을 듣고 우리의 행동에서 배운다.

성서는 우리에게 입에 재갈을 물리라고 명령한다. 마태복음 12장 36절-37절을 보면, 우리가 한 모든 말에 대해 책임을 추궁당한다는 사실을 다시 떠올리게 된다. 에베소서 4장 31절-32절은 냉정한 말을 몰아내고 친절하라고 권고한다. "모든 악독과 격정과 분노와 소란과 욕설은 악의와 함께 내버리십시오. 서로 친절히 대하며 불쌍히 여기며 하나님께 그리스도 안에서 여러분을 용서하신 것 같이 서로 용서하십시오."

우리는 긍정적으로 관계맺는 법을 배우면서, 정서학대가 아이에게 어떤 영향을 주는지 부모에게 알려줄 수 있다. 양육교실이나 가정방문으로 부모는 자기가 한 말이 자식에게 어떤 해를 주는지 이해하고, 학대 행위를 긍정적이고 유익하며 돌보는 행위로 바꾸는 법을 배울 수 있다. 부모는 긍정적 소통을 배우며, 특히 십대와 긍정적으로 소통하는 법을 배울 수 있다.

정서학대를 당하는 아이가 있는데, 그 아이가 걱정된다면, 아동보호국이나 경찰에 신고하는 것도 고려해보아야한다. 당신은 관계기관이 개입할 충분한 증거를 내놓지 못할 수 있다. 하지만 당신이 신고함으로써 다른 사람도 우려를 표현할 수 있다. 하여간 당신의 신고가 조사를 촉발했다는 것으로 충분하다. 정서학대가 있었다고 입증되지 않아도, 당신의 신고 덕분에 그 가족은 오랫동안 관계기관의 도움을 받을 수 있다.

온갖 학대가 있지만, 정서학대만큼은 우리가 확실히 저지를 수 있는 학대다. 참으로 겸손한 마음으로 무분별한 행동을 고백하고, 잘못된 일을 바로잡도록 하나님이 도우신다는 것을 알아야한다. 아이가 정서학대를 당할 때, 우리는 기꺼이 그것을 인정하고 어떻게 대처할지 알고 있어야 한다.

함께 생각하기

1. 본문에서 저자는 대면하고 바꾸는 것이 가장 어려운 학대가 방임이라고 말한다. 저자는 왜 이렇게 주장할까?

2. 부모가 지켜보지 않는 가운데 밖에서 노는 어린 아이를 보았다고 해보자. 당신은 이 아이가 걱정되었다. 아이가 놀다가 작은 개울에 빠질까봐 특히 걱정된다. 아이의 아버지는 아예 없고, 엄마도 생활비를 버느라 정신이 없음을 당신이 알았다고 해보자. 당신은 돕고 싶지만 아이 엄마의 기분을 상하게 하고 싶지 않다. 당신은 어떤 일을 할 수 있을까?

3. 당신의 공동체에 속한 가족과 아이들에게 무엇이 가장 필요한가? 거주지와 음식, 옷, 직업, 의료서비스, 아동복지, 교육인가? 아니면, 다른 것인가?

4. 당신이 목격한 정서학대가 있는가? 이런 사례를 함께 나누어보자. 당신이 그것을 목격했을 때, 기분이 어땠는가? 당신은 무엇을 하려고 했는

가? 당신은 그 사태에 대해 실제로 무엇을 했는가?

5. 교회에서 소모임을 하는데, 한 아버지가 어린 아이에게 계속 고함을 치는데, 당신이 보기에 그것은 적절하지 못했다고 하자. 당신은 어떻게 하겠는가?

실행 과제

1. 사회경제적으로 당신과 상당히 다른 지역에 가보라. 그 지역에 있는 대형할인점에서 식료품을 사보라. 그 곳에 있는 가족이나 아이들을 관찰해보라. 긍정적이고 좋은 면이 있는가? 아니면 걱정되거나 깜짝 놀랄만한 면이 있는가?

2. 가족을 돕는 조직에 옷과 음식, 책, 장난감을 기부하라
.

3. 한 부모 가정이 있다면, 당신이 도울 일이 있는지 물어보라.

4. 창세기 15장~22장을 읽어라. 그리고 이 본문에 나타난 부모의 행동을 기록해보라. 본문에 나타난 아이들은 어떻게 존중과 보호를 받는가? 본문에서 아이들이 존중받지 못하고 보호를 받지 못한다면, 이들은 어떤 방식으로 존중과 보호를 받지 못하는가?

5. 교회구성원이나 동료직원을 비판하는 말을 이번 주에 몇 번이나 들었는가? 되도록 다정하게 말해보자.

6장

신체 학대 들여다보기

사랑은 오래참고 친절합니다. 고전13:4

 아이의 신체를 학대하다니 생각할 수도 없는 일이다. 양육자에게 맞아서 짓이겨지고 살해된 아이들의 사진을 한번은 보았을 것이다. 그러나, 신체 학대를 눈으로 직접 볼 때까지는 그런 일이 일어나지 않을 거라고 쉽게 말한다. 도대체 누가 아이를 일부러 때릴 수 있겠는가? 아마 부모라면, 그런 행동을 정말 이해하기 어려울 것이다.

 정말 힘든 한 주를 보내고 돌아온 날을 떠올려보자. 당신의 상사는 마감일자를 말도 안되게 정해놓고 야근시간도 줄 수 없다고 말한다. 목요일에 집에 돌아온 당신은 9살된 아들이 부엌 창문으로 스케이트보드를 밀어넣는 것을 보았다. 당신은 아들을 찾으려고 집안을 쿵쿵거리며 돌아다니는데, 이제 3살된 딸이 마시멜로를 핥다가 유화에다 찍어 바른다. 당신은 이 유화를 지난 주에 샀지만 아직 벽에 걸지도 않았다. 이제 심장이 마구 뛴다. 당신은 딸을 안았는데, 딸은 그만 끈적끈적한 손가락으로 목과 머리카락을 쓰다듬어 버렸다. 결국 당신은 딸에게 소리를 지르기 시작한다.

이 장면에서 한발 더 나가면 아이를 때리는 장면으로 이동할 수 있을 것이다. 그렇지 않은가? 이 장면에서, 학대하는 경향이 있는 부모는 화도 나고 좌절감이 몰려와 혁대나 옷걸이로 아이를 때릴지 모른다.

아이는 아마 소리를 지르며 도망치려 할 것이다. 그러나 이 부모는 아이를 붙잡고 한 대도 아니고 여러 대를 때릴 것이다. 아이를 학대하는 부모가 이미 때리는데 능숙하다면, 그는 옷으로 쉽게 감출 수 있는 부위를 골라서 때릴 것이다. 그러면, 아이는 다음날 학교에 갈 수 있고, 몸에 난 멍과 자국을 설명할 필요가 없어진다. 하지만 아이를 학대하지 않는 부모는 일단 숨을 들이쉬고 마음을 가다듬은 다음, 아이의 손을 씻기고, 인성과 발달수준을 고려하면서 상황을 정리할 창의적이고 긍정적 방법을 찾으려 할 것이다.

5가지 신체 학대
▶ 멍과 자국, 자상
▶ 골절
▶ 화상
▶ 흔들린 아이 증후군 Shaken baby syndrome

미국 연방법은 신체학대를 정의하는 최소 기준을 제시한다. " 신체적 상해는 작은 멍에서 심각한 골절이나 죽음까지 모두 포함한다. 주먹으로 치기, 때리기, 발로 차기, 물어뜯기, 흔들어대기, 던지기, 칼로 찌르기, 목 조르기, 손과 막대, 끈, 다른 도구를 사용하여 치기, 불로 지지기, 그리고 다른 방식으로 해를 입히는 행위의 결과가 신체상해다. 양육자가 아이에게 상처를 입히려는 의도가 있었는지 상관없이 이런 상해는 학대로 간주된

다."[1] 캐나다 주와 준주에서 사용하는 규정도 미국과 비슷하다.

아이가 상해를 당했는데, 설명을 하지 않거나, 설명이 앞 뒤가 맞지 않거나, 상해가 우연히 일어나지 않았다면, 신체 학대가 일어났다고 추측해 볼 수 있다. 아이가 당한 상해가 우연히 일어났는지 판단할 때 아동발달을 잘 알고 있어야 한다. 4살된 여아가 인도에서 넘어져 무릎을 긁혔다고 말한다면, 당신은 그 말이 진실이라고 믿을 수 있다. 아예 아이가 당신에게 팔꿈치에 난 상처를 보여준다면, 당신은 아이의 말을 믿어도 될 것이다.

그러나 2개월된 아기가 팔이 부러져서 응급실에 왔는데, 엄마는 테두리 난간이 있는 유아용 침대에서 아이가 구르다가 팔이 그만 기둥 사이에 끼었다고 설명한다. 그러면 당신은 조금 더 질문을 해보고 싶을 것이다.

멍, 찢긴 상처, 맞아서 부은 자국

신체학대를 당했다고 추정되는 아이들을 관계당국이 조사했는데, 삼분의 이는 등과 목, 배, 등, 얼굴, 엉덩이, 종아리 뒷부위에 멍과 부은 자국이 있었다. 이런 부위는 아이가 넘어지거나 부딪혔을 때 상처가 생기는 부위가 아니다. 혁대와 솔빗, 옷걸이, 연장코드, 그리고 손에 닿는 어떤 물건으로 아이를 때렸을 때 이런 상처가 난다. 때때로 손자국이 나기도 한다. 아이의 피부에 물건 자국이 있을 때도 많다. 아이 얼굴에 멍이나 부은 자국이 있다면 이것은 정말 우려할만한 일이다.

골절

신체상해는 골절로 나타날 수 있다. 헨리 켐프 박사는 매맞는아이증후군battered child syndrome이란 용어를 만들어냈다. 켐프 박사는 1962년에 뼈에 난 손상을 설명하려고 이 용어를 고안했다. 아주 어린 유아는 흔들어도 갈비뼈가 부러지고, 계산대에서 떨어져도 두개골절을 당할 수 있다. 불만으로 언짢은 부모가 팔로 아이를 갑자기 낚아챘을 때도 쇄골이 부러진다.

아이가 갑작스럽게 손상을 입었을 때, 부모는 곧바로 치료하려고 할 것이다. 그러나 누군가에 의해 뼈가 손상된 아이는 곧바로 치료를 받지 못한 채 몇 일을 보낸다. 그렇게 입은 상처는 분명 그냥 사라지지 않을 것이다. 이런 아이를 엑스레이 사진을 찍어보면, 골절 부위가 여러 군데 있을 수 있다. 이 때는 아이가 왜 이렇게 다쳤는지 누군가 대답해야한다.

화상

화상도 신체 상해다. 담뱃불이나 뜨거운 물 때문에 화상이 생길 수 있다. 나는 한 가족을 상담했다. 엄마와 엄마의 남자친구, 3살된 카밀리아가 가족 구성원이다. 카밀리아는 발과 종아리가 심각한 화상을 입은 채 응급실로 실려왔다. 엄마는 일하러 갈 때 카밀리아를 남자친구에게 맡겼다고 진술했다. 엄마는 퇴근해서 카밀리아가 발에 화상을 입은 것을 보고 남자친구에게 물었다. 남자친구는 자기가 물온도를 점검하기도 전에 카밀리아가 욕조로 기어올라갔다고 대답했다. 의사가 보기에 화상은 심각했고, 양쪽 종아리에 화상이 한 줄로 똑바로 나있었다. 의사는 관계당국에 신고했다.

검사관들은 아파트의 급탕장치를 조사했고, 수도꼭지에서 나오는 온수로는 이렇게 심한 화상을 입을 수 없다고 결론을 내렸다. 또한 아이가 뜨거운 물이 있는 욕조에 스스로 기어들어갔다면, 이렇게 화상이 한 줄로 나지는 않을 것이다. 아이가 욕조에서 빠져나오려고 발버둥쳤다면, 발가락에 화상이 있거나, 물이 튀면서 다리나 다른 부위에 화상이 있을 것이다.

결국 다음 사실이 드러났다. 남자친구는 스토브에 물을 끓여서 부엌 싱크대에 그것을 부었다. 그리고 그는 끓인 물에 카밀리아의 발을 강제로 담그었다. 카밀리아가 자신의 속옷에 대변을 보자 그는 카밀리아에게 경고하려고 뜨거운 물에 씻긴 것이다. 카밀리아는 피부손상을 치료하려고 적어도 6번이나 수술을 참아내야했다. 하지만 신체학대가 남긴 끔찍한 흉터는 평생 갈 것 같다.

흔들린 아이 증후군Shaken baby syndrome

최근 신문의 첫 줄을 장식하는 신체학대는 흔들린 아이 증후군이다. 잘 알다시피 아이는 운다. 때때로 크게 운다. 우는 아이 옆에, 지치고 화난 부모와, 아이를 돌보는데 서툰 어른이 있다면, 위험하게도 그들은 아이를 흔들 수 있다.

주로 남자 양육자가 울음을 그치게 하려고 아이를 들고 흔드는데, 흔들린 아이 증후군이 나타난다. 이런 행동은 가볍거나 흥겨운 흔들기가 아니라 사나운 밀치기다. 이런 밀치기 때문에 아이의 머리가 앞으로 뒤로 곤두박질친다. 아이의 뇌는 충분히 성장하지 않아서 두개골안에서 철벅거리면서 심한 타박상을 입는다. 뇌는 부어오른다. 눈의 망막에서도 피가 나거나 망막이 박리될 수 있다. 막 다루는 바람에 멍이 들고 뼈가 자주 손상된다.

흔들면 보통 울음을 그치는데, 이것 때문에 아이를 흔드는 사람의 행동이 강화될 수 있다. 아이가 잠들었다 해도, 깨어나면 구토와 졸음증, 과민성이 나타날 수 있다. 혹은 혼수상태에 빠지거나 죽기도 한다. 아이가 흔들거림을 견뎌내더라도 눈이 멀거나 불구가 되며, 발작에 시달리고, 학습장애나 심각한 발달지체가 올 수 있다.

태아기 알코올 증후군FASD과 알코올 관련 신경발달장애
Alcohol-Related Neurodevelopmental Disorder: ARND

엄마가 술을 마시면 태아는 엄청난 피해를 입을 수 있다. 태아기 알코올 증후군이나 알코올 관련 신경발달장애가 있는 아이는 복구 불가능한 뇌손상을 겪고, 신체결함의 폭도 넓으며, 정신기능의 손상도 심각하다. 태아기 알코올 증후군은 미국에서 정신적 발달지체의 주된 원인이다. 엄마는 임신사실을 알기 전에 술을 먹을 수 있는데, 그것은 알게 모르게 태아에게 피해를 줄 수 있다. 그렇다고 그런 행위가 학대나 방임으로 분류되지 않을 것 같다. 태아는 몸의 가장 기본이 되는 기능이 생겨나는 첫 3개월동안 가장 큰 피해를 입을 수 있다. 담배와 코카인, 헤로인, 마리화나, 메타암페타민 같은 물질도 태아에게 해를 끼친다.

우리는 신체 학대에 어떻게 대응하는가?

신체학대를 하나씩 본다면, 그것은 완벽하게 예방될 수 있다. 나는 방금 "쉽게" 예방될 수 있다고 말하지 않았다. 어떤 학대라도 쉬운 해결책이 있을 거라고 생각한다면, 당신은 학대 문제를 제대로 이해하지 않은 것이다.

학대는 무척 복잡하며, 가족마다 다르게 전개된다. 양육지원집단에서 도움을 받는 부모도 있지만, 취업과 돌봄서비스가 필요한 부모도 있다. 사회복지사가 한 주마다 방문함으로써 상당히 도움을 받는 가족이 있고, 마약중독을 완화하는 거주치료 프로그램이 필요한 가족도 있다. 사회적 지원이 커지면 가족에게 대체로 도움이 될 것이다. 말하자면, 도움이 필요하거나 그냥 놀고 싶을 때 가족은 기댈 곳이 있어야 한다.

 신앙공동체는 신체학대를 예방하는 일에 도움이 될 수 있을까? 당연히 그렇다! 교회는 영적, 감정적, 물리적 자원을 가지고 학대문제로 고심하는 가족에게 긍정적 영향을 끼칠 수 있다. 아이들도 주변에 있는 교회가 자신에게 마음을 쓴다는 것을 알아야 한다. 아이들은 이웃이 자신과 함께 농구하면서 즐거워한다는 것도 알아야 한다. 아이들은 교사가 아이들의 안전을 위해 애쓴다는 것도 알아야 한다. 부모도 주변에 있는 교회가 자신들을 기꺼이 도울 준비를 하고 있음을 알아야 한다.

가족과 아이들이 도움을 구할 때, 그들을 도와줄만큼 준비되어 있는가? 우리는 그들에게 무엇을 제공해야 할까? 우리는 언제 다른 기관에 도움을 요청해야 할까? 명심하자. 설명되지 않은 표시나 흔적이 아이에게 있다면, 되도록 빨리 아동보호국이나 경찰에 신고하자.

체벌

체벌은 신앙공동체가 다루기에 무척 까다로운 일이다. 성서에도 체벌에 대해서는 모순되는 메시지를 우리에게 던지는 것 같다. 아이에게 신체적해를 가하면서 정당화할 때, "매를 아끼면 아이를 망친다"는 지침을 자주인용한다. 잠언의 일부 구절은 '매'가 아이를 기르는데 꼭 필요하다고 말한다.

아마 다음 구절이 가장 많이 인용되는 것 같다. "매를 아끼는 것은 자식을 사랑하지 않는 것이다. 자식을 사랑하는 사람은 훈계를 게을리하지 않는다."잠13:24 22장 15절은 이렇게 말한다. "아이의 마음에는 미련한 것이 얽혀 있으나 훈계의 매가 그것을 멀리 쫓아낸다." 잠언 23장 13절과 14절은 매를 들라고 더욱 강조하면서 아예 이렇게 명령한다. "아이 꾸짖는 것을 삼가지 말아라. 매질을 한다고 죽지 않는다. 그에게 매질을 하는 것이 오히려 그의 목숨을 스올에서 구하는 일이다."

그러나, 시편에서는 매가 다윗 왕을 보살핀다고 한다. 시23:4:주님의 막대기와 지팡이로 나를 보살펴 주시니 잠언에 나오는 매는 시편에서는 막대기로 번역되어 있다. 그러나 같은 단어다. 잠언과 시편에 나오는 매rod라는 단어는 당시에는 양치기가 양을 돌볼 때 사용한 막대기를 가리킨다. 매는 히브리어로 쉐베트shebet 인데, 이것의 용도는 다음과 같다. (1) 우왕좌왕하는 양에게 막대기를 던져 양의 무리로 돌아오게 한다. (2) 양을 공격하는 동물을 막대기로 위협하여 양을 보호한다. (3) 양의 수를 헤아릴 때 막대기를 사용한다. (4) 양이 병에 걸렸는지 검사할 때 막대기로 양털을 헤집어 본다. (5) 막대기는 양치기가 양을 인도한다는 사실을 상징한다.

이 구절들을 보면, 양에게 상해를 입히거나 양을 때리려고 막대기를 사용했다는 증거는 없다. 학자들은 오히려 이런 사실에 주목했다. 훈육을 뜻하는 히브리어인 야사르yasar는 벌하는 훈육만을 뜻하지 않고, 벌하는 훈육과 대응하는 뜻도 가진다. 이 단어는 "잘못을 깨닫게 하고, 바로 잡고, 벌한다"는 뜻과 함께, "책망하고, 촉구하며, 가르친다"는 뜻도 담는다. 말하자면, 목자가 생계수단인 양을 아끼고 적절하게 대하듯이, 훈육도 사랑하는 마음으로 적당하게 이루어져야한다.[2]

사람들은 엉덩이 때리기를 하나님이 부모에게 준 권리라고 말하면서 자주 추천한다. 나름대로 선의를 가진 부모와 조부모는 나에게 이렇게 주장했다. 부모가 자식을 조금 더 엉덩이를 때려서 키웠더라면, 청소년 비행과 범죄가 지금만큼 큰 문제가 되지 않았을 것이다. 여기서 엉덩이 때리기는 복잡한 문제들을 푸는 단순한 해법으로 등장한다.

아이가 잘못했을 때, 벌하기보다 훈육하라고 권하고 싶다. 처벌과 훈육은 정말 다르다. 처벌은 "처벌당하는 자에게 고통과 상실, 감금, 죽음을 가하는 행위로서 범법과 위반, 잘못에 대한 형벌이다."³⁾ 그러나, 훈육은 "기술을 숙달하거나 한 단계 높이기 위한 활동과 연습, 계획이다. 말하자면, 훈육은 훈련이다."⁴⁾

우리는 훈육을 하면서, 가르치고, 인도하며, 아이가 자신을 다스리도록 돕는다. 이것이 훈육의 목적이다. 우리는 훈육을 하면서 존경을 가르치고 지식을 전달하며 자존감을 세워주어야 한다.

우리가 엉덩이를 때린다면, 우리는 큰 사람이 작은 사람을 때려도 괜찮다고 아이에게 가르치게 된다. 혹은 아이는 다음에는 더 약삭빠르게 행동하여 들키지 말아야겠다고 생각할 것이다. 엉덩이를 맞은 아이는 화를 내고 자신감을 잃을지 모른다.에베소서 6장 4절과 골로새서 3장 21절을 보라 엉덩이를 때리다보면, 그만 화에 솟구쳐 아이를 다치게 할 수 있다. 나는 예수를 따르는 자로서 예수님이 아이의 엉덩이를 때리는 장면을 상상할 수 없다. 오히려 예수님은 아이를 기뻐하고 존중하면서도 올바르게 행동하라고 요구하실 것이다.

당신이 사용하는 훈육도구 가운데 아직 사용하지 않은 다른 도구가 있는지 떠올려보자. 알려주기, 좋은 행동을 부추기기, 칭찬하고 상을 주기, 잘 들어주기, 행동의 결과를 체험하도록 놔두기 같은 방법도 있다. 그리고 당신은 훈육방법을 선택하고 무엇을 기대하는지 분명하게 전달하며 아이의 인격과 발달수준을 더 깊이 이해하려고 노력할 수 있다. 아이가 어리다면, 놀이를 이용하거나 위험한 상황을 피할 수 있다. 이 책의 부록 1에 첨부한 양육과정을 보면서 훈육에 대해 더 배워보자.

예수를 따르는 자로서 폭력을 쓰지 않고도 갈등을 풀고 아이를 훈육할 방법을 찾아보자. 우리 아이들은 하늘에서 내려온 선물이며, 우리는 일정기간 이들을 돌본다. 우리는 이 귀한 선물을 어떻게 다루었는지 하나님에게 대답하게 될 것이다.

1. 이 장을 시작하면서, 스트레스가 쌓인 부모를 소개했다. 당신은 이 부모가 어떻게 행동할 거라고 생각하는가?

2. 신체적 훈육을 당한 경험을 서로 나누어보자. 아이와 부모의 눈높이에서 볼 때, 신체적 훈육이 통하는 것 같은가? 통하지 않는 것 같은가?

3. 신체적 훈육과 신체 학대는 무엇이 다른가? 당신이 느끼기에 신체적 훈육과 신체학대의 특징과 결과는 무엇인가?

4. 당신의 교회는 흔들린 아기 증후군을 예방하기위해 무엇을 할 수 있는가?

5. 이 책의 저자는 아동학대는 "완벽하게 예방할 수 있으나" "쉽게 예방할 수 있는 것"은 아니라고 말한다. 당신은 저자에게 동의하는가? 동의하지 않는가? 왜 동의하는가?

6. 당신이 다니는 교회의 설교와 가르침이 알게 모르게 신체학대를 부추길 수 있을까? 어떻게?

7. 교회는 신체학대를 예방하기위해 무엇을 할 수 있을까?

실행과제

1. 기발하게 아이를 훈육할 방법을 10개 만들어보자. 이것을 가지고 친구
   와 토의해보자.

2. 이번 주에 아는 사람에게 아이를 잠시 봐주겠다고 말해보라.

3. 흔들린 아기 증후군을 인터넷이나 도서관에서 더 검색해보고 읽어보
   라.

4. 당신이 어릴 때 어떻게 훈육을 받았고 그것이 도움이 되었는지 되돌아
   보라. 일기를 찾아봐도 좋다. 당신은 훈육을 받으면서 무엇을 배웠는
   가? 올바른 행동을 배우는데 훈육이 도움이 되었는가? 훈육이 당신과
   부모님의 관계에 어떤 영향을 주었는가?

7장

성적 학대 들여다보기

내가 주님의 영을 피해서 어디로 가며,

주님의 얼굴을 피해서 어디로 도망치겠습니까? …

하나님, 주님의 생각이 어찌 그리도 심오한지요?

그 수가 어찌 그렇게도 많은지요? 시139:7, 17

15세 트레이시는 교회 청소년부에서 열심히 활동하고 있다. 트레이시는 재미있고, 재치도 있으며, 주목과 관심을 받기 원한다. 트레이시는 청소년부를 이끌 리더감으로 주목을 받는다. 에릭 목사가 이 교회에 새로 부임했다. 그는 결혼하여, 아직 학교에 들어가지 않은 두 명의 자식이 있다. 트레이시 가족은 정말 수 많은 고초를 겪었다. 8년 전에 트레이시의 오빠와 아버지는 교통사고로 사망했다. 트레이시의 어머니는 일을 두 개나 하면서 트레이시와 어린 동생을 부양했다. 트레이시는 아버지 같은 인물이 필요했다. 그런데 트레이시는 엄마 없이 홀로 있는 시간이 많았다. 트레이시는 12살 때, 학교가 후원하는 집에 거주했는데, 여기서 성적 접촉을 당하고 무척 당황했지만 아무에게도 말하지 않았다.

에릭목사는 교회 사무실에서 트레이시와 성서공부를 시작했다. 에릭목사는 몇 주가 지나 트레이시에게 가까운 읍에서 하는 기독교 음악 콘서트에 가자고 말하면서, 공원지구에 잠깐 들러 "성서공부"를 끝내고 가는 것이 어떻겠냐고 물었다. 트레이스는 남자 영성 멘토에게 주목을 받고 싶었고 에릭목사의 제안을 받아들였다. 에릭목사는 트레이시와 단둘이 있을 기회를 계속 찾았다. 에릭목사의 이런 사정을 고려하여 트레이시는 청소년부 아이와 함께 외출한다고 엄마에게 말했다.

몇 달간 공원에 있는 주차장에서 성서공부를 했는데, 해가 진 후에 성서공부가 시작되었다. 에릭목사는 말로 트레이시를 찬양하기 시작했다. 그는 트레이시에게 속내를 털어놓으며, 아내는 아이들을 돌보느라 너무 바빠 에릭목사의 필요에 주목할 수 없다고 말했다. 그는 성도들의 필요를 채우는 일에 짓눌려 있지만 트레이시와 함께 시간을 보내고 나면 늘 힘이 난다고 고백했다. 에릭목사는 이렇게 감정으로 다가가더니 곧 몸에 손을 댔다. 트레이시의 손을 만지거나 머리카락을 뒤로 쓸어내렸다. 에릭목사는 트레이시에게 보석을 선물했다. 에릭목사는 자신과 트레이시는 특별한 관계라고 강조하면서 트레이시가 다른 사람에게 이런 사실을 말하면 다른 사람이 질투에 빠져 모든 것을 망쳐버릴 거라고 말했다.

트레이시는 자신의 감정 때문에 혼란스러웠다. 그녀는 에릭목사와 함께 있을 때 정말 즐거웠다. 그녀는 목사같은 중요한 인물에게 특별한 존재가 된다는 사실이 좋았다. 에릭목사가 준 선물도 너무 좋았다. 어머니가 사주기에는 지나치게 비싼 선물이었다. 그러나, 트레이시는 자신과 에릭목사가 시작한 이런 일들이 적절한지 궁금했다.

트레이시는 에릭목사가 자신을 만지는 방식에 대해 엄마와 이야기하고 싶었지만 엄마가 버럭 화를 내거나 자기 말을 믿지 않을 것 같아 걱정되었다. 트레이시는 조금 더 입다물고 있는 것이 좋겠다고 생각했다. 그러나 에릭목사는 더욱 대범해졌다. 손에 키스를 하더니 뺨으로 옮겨갔다. 에릭목사는 트레이시에게 캠핑을 가자고 제안했다. 트레이시는 그에게 메모를 보내 자기 감정을 설명하고 더는 그와 시간을 함께 보낼 수 없다고 통보했다. 트레이시는 이 메모를 교회에 있는 에릭목사의 편지함에 넣었다.

그런데 메모는 편지함에서 떨어졌고, 교회 직원이 그것을 주워서 읽었다. 직원은 담임목사에게 메모를 넘겼다. 담임목사는 에릭목사가 수상했고, 곧바로 어떻게 된 일인지 물었다. 에릭목사는 펄쩍 뛰며 트레이시와 절대 이상한 관계를 맺지 않았다고 말했다. 에릭목사는 담임목사와 집사들에게 이렇게 해명했다. 트레이시는 외로웠고, 현장학습이 취소되어 화가 나 있었다. 트레이시는 나름대로 복수를 한답시고 메모를 남긴 것이 분명하다. 교회 리더들은 이 문제가 불거지지 않길 바랐고 에릭목사가 나름대로 청소년사역에서 성과를 냈다고 인정했다. 그래서 교회리더들은 에릭목사의 편에 섰다.

교회 리더들은 앞으로 벌어질 사태를 피하려고 에릭목사에게 청년부 활동을 매달 담임목사에게 보고하라고 요구했다.

하지만, 누구도 트레이시에게 말을 건네지 않았다. 트레이시는 혼란스러웠고 에릭 목사가 갑자기 냉담해지자 슬펐다. 트레이시는 교회에 나가지 않으려 했고 청년부 활동도 그만 두었다. 트레이시는 학교도 결석했고 성적은 떨어졌다. 에릭목사와 함께 보낸 시간에 대해 엄마에게 자주 거짓말을 했기 때문에 트레이시는 새로 사귄 친구들과 파티 장소에서 술을 마셨다는 사실에 대해서도 거짓말을 했다. 트레이시도 한번은 에릭목사와 있었던 일을 엄마에게 말하려고 했다. 그러나 엄마는 오히려 화를 내며 "너의 거짓말이 이제는 지루하고 역겹다"고 쏘아붙였다. 트레이시의 행동은 더 나빠졌다.

트레이시는 주위 어른들의 보호를 받지 못했다. 트레이시는 상처받기 쉬운 자리에 계속 거했다. 그래서 가해자는 트레이시를 먹이감으로 삼을 수 있었다. 트레이시는 권위있는 인물과 영적 조언자를 그냥 추종하는 경향이 있었다. 그리고 수년간 오빠를 따르기도 했다. 그래서 트레이시는 에릭목사가 적절하지 않게 접근할 때도 그것을 제대로 인지하지 못했다. 트레이시는 에릭목사의 관심과 선물을 즐겼다. 그러나 트레이시는 이용당하고 상처를 받았다. 그녀는 배신을 당한 것이다. 남자든, 여자든, 트레이시가 타인과 관계를 맺는 방식은 영원히 변해버릴 것이다. 트레이시가 교회와 하나님과 맺은 관계가 하여간 회복되려면, 기도와 상담, 시간이 필요하다.

에릭목사는 자기 행동에 책임을 져야한다. 그의 교묘한 성적 비행도 알려져야한다. 거룩한 신뢰를 심각하게 저버린 행동은 교회 리더들과 교단 지도자에게 보고되어야 한다. 피해자가 더는 생기지 않게 하려면 이 일을 과감하게 처리해야한다.

성적 학대

아이를 성적으로 학대하는 짓만큼 사악한 행동도 없을 것이다. 하여간 우리는 아동 성학대가 일어난다는 사실을 부인하고 싶어한다. 학대와 방임 가운데 성적 학대만큼 우리 교회를 쉽게 홀려버리는 짓은 없다. 교회는 방임과 신체 학대를 예방하는 일을 분명히 하지만, 가족안에서, 일상 생활에서 가장 자주 일어나는 학대가 성적 학대다.

그러나 성적 학대는 교회 같은 조직에서도 일어날 수 있다.

우리에게 아이들을 보호해야할 의무가 있다면, 우리는 무엇보다 이런 생각부터 떨쳐버려야한다. 즉 성적 학대를 가하는 가해자는 수풀에 숨어 있다가 갑자기 튀어나와 무자비하게 아이들을 공격한다는 생각부터 버려야 한다. 물론 그런 가해자도 있지만, 안타깝게도 낯선 가해자는 부모와 양부모, 조부모, 형제와 자매, 교사, 코치, 청년 사역자보다 성적 학대를 더 많이 저지르지 않는다. 가족과 친구들이야말로 아이들이 잘 알고 사랑하는 사람이다. 가해자가 아이를 유인하고 속일 때, 가해자는 물리적 강압을 거의 쓸 필요가 없다.

미국에서는 성적 학대를 이렇게 정의한다.

> 아이를 고용하고, 이용하고, 설득하고, 유인하고, 강제하여, 분명한 성적 행위를 하게 하거나, 성적 행위를 가시적으로 재현하려고 성적 행위를 흉내내게 하는 행위. 혹은 아이를 고용하고, 이용하고, 설득하고, 유인하고, 강제하여, 타인이 분명한 성적 행위를 하게 돕거나, 성적 행위를 가시적으로 재현하려고 성적 행위를 흉내내게 돕는 행위. 양육자에 의한 강간과 가족들 간의 강간, 법적 미성년자와 성행위, 추행, 매춘. 그리고 아이를 성 노동자로 이용하여 착취, 아이와 근친상간 [1]

성적 학대는 이렇게 정의되기도 한다. "인간발달상 다른 발달단계에 있는 사람들 사이에 일어나는 행위로서, 더 발달된 단계에 있는 사람에게 성적 만족을 주는 행위."[2] 구강과 항문, 성기의 삽입과 다른 형태의 성기접촉, 은밀한 부위의 만짐도 성적 학대가 될 수 있다.

다른 학대의 경우, 여아와 남아가 똑같이 피해를 당하지만, 성적 학대의 피해자는 여자가 더 많다. 캐나다에서는 여아가 남아보다 4배나 더 가족 구성원에게 성적으로 모욕을 당하는 것 같다. 특히 12세부터 15세 여자 아이가 그렇다.[3] 미국에서 여아가 남아보다 5배나 더 성적 학대를 당하는 것 같다.[4] 남자 아이도 성적 학대에서 완전히 벗어난 것은 아니다. 슬프게도 남자 아이도 성적 학대를 당하며, 신고하는게 더 어렵기도 하다. 대체로 남자 아이는 강하고 독립심을 길러야 하며 도움이나 보호를 요청해서는 안된다고 배우기 때문이다.

　성학대 가해자가 남자 아이를 먹이감으로 삼을 때, 아이의 반응은 젠더 문제와 사람들의 예상으로 인해 과장될 수 있다. 학대가 남자와 남자 사이에서 일어난다면, 아이는 성 정체성에 대해서도 혼란을 느꼈을지 모른다. 더구나 우리는 여자아이 만큼, 남자 아이를 보호하거나 남자 아이들의 부적절한 관계를 의심하지 않는다.

　성적학대를 저지르는 가해자는 주로 남성이다. 2007년 캐나다에서 가족 구성원이 저지른 성폭행의 96%는 남자가 저지른 것이다. 확대가족의 남자 구성원이 저지른 성폭행은 36%이며, 아버지가 저지른 성폭행은 32%, 남자 형제가 저지른 성폭행은 27%였다.[5] 여자도 가해자가 될 수 있으며, 남자와 함께 일하는 여자들도 가해자가 된다. 여자가 남자 가해자에게 공공연하게 협조하기도 하지만, 그녀의 협조는 보통 미묘하다. 그러나 여자의 협조가 분명하지 않더라도 피해자에게 피해를 준다. 때때로 엄마는 성적 학대를 눈치채지만, 남편을 잃거나 남편이 벌어다주는 수입이 아쉬워서 아이를 보호하는데 나서지 않는다.

　가해자가 아이를 갑자기 덮칠 때, 그저 하루만 그렇게 하지 않음을 알아야 한다. 가해자는 오랫동안 꼼꼼하게 궁리하다가 성적 학대를 저지른다. 트레이시 사례처럼, 삼촌과 이복형제, 청년 사역자는 수 주, 수 개월간, 심지어 수 년간 관계를 맺으면서 아이에게 가까이 다가간다. 그리고 서서히 아이를 엉큼하게 만지기 시작한다.

　가해자는 아이에게 선물을 쏟아부으며 너는 특별한 사람이라고 거듭 강조하고 은밀하게 따로 있으려는 의도를 심어준다. 그리고 성적 학대를 시작하는 것이다.

　가해자가 성적으로 만지작거릴 때, 아이는 이미 세뇌되어 자신은 가해자에게 특별한 존재라고 믿으면서 자신만이 가해자의 필요를 채울 수 있으며 자신과 가해자가 함께 벌인 일을 다른 사람에게 말하면 가족이나 친구가 상처를 받게 될 거라고 생각한다. 성적 학대를 당한 아이는 종종 혼란스러워한다. 자신과 아버지 사이에 벌어진 일을 수치스러워하며 아예 자신을 탓하기도 한다.

이제 당신은 성적 학대가 왜 그렇게 오랫동안 수 차례나 일어나는지 이해할 수 있을 것이다.

피해자 아이는 학대당한 것을 오랫동안 누구에게도 말하지 않으며 학대를 당했다는 사실을 아예 부인하기도 한다. 가해자 한 명이 잡혔을 때, 이미 피해자가 여러 명 있을 때도 많다. 가해자가 완전히 검거되더라도 그렇다. 성적 학대는 수 년간 신고되지 않기도 한다. 피해자도 수 년간 신고하지 않는다.

아이가 성적 학대를 당했다고 누구에게 말할 때, 처음에 반응하는 태도가 무척 중요하다. 안타깝게도 트레이시 사례처럼 사람들은 피해자 아이의 말을 경청하지 않거나 믿지 않기도 한다. 이 태도는 아이에게 여러모로 해롭다. 예를 들어, 학대가 계속 되게 허용하는 꼴이 되거나 아이가 다시는 학대에 대해 말하지 않을 수 있다. 아이는 학대 체험을 이겨내려고 절박하게 도움을 구하지만 거부당한다.

부모로서, 양육자로서, 교회 공동체로서 우리는 아이가 말하려고 할 때 침착하게 공감하면서 들어야 한다. 아이는 자기의 말과 방식으로 자신이 겪은 고통을 호소할 것이다. 말하자면, 아이의 고통은 그림에서, 편지에서, 행동에서, 말에서 묻어날 것이다. 아이의 나이를 생각해보면, 아무래도 아이가 당신 앞으로 걸어와 "목사님이 저를 성적으로 학대해요."라고 말할 것 같지 않다. 오히려 아이는 당신에게 이렇게 말할 것 같다. " 사촌인 찰스가 내 병아리에 자기 병아리를 넣었어." 피해를 당한 아이는 행동으로 당신에게 보여주기도 한다. 그 아이는 평범한 활동도 하지 않으려 할 것이다. 당신이 무슨 일이 있느냐고 물으면 아이는 울음을 터뜨리지만 쉽게 말을 꺼내지 못할 것이다. 어떤 아이는 이상하게 공격적으로 변하여 친구에게 성적으로 접근하기도 한다.

아동이 성적 학대를 당할 때 어떤 일이 벌어질까?

아동은 성적 학대 때문에 여러모로 황폐해진다. 우울해지고 일상에서 멀어진다. 공격하면서 유혹하기도 한다. 학교에 다니는 아이는 성적이 떨어질 수 있다. 학업활동에 집중할 수 없으니까. 부적절한 성적 놀이에 빠지면서 성에 대한 유치한 지식을 드러내기도 한다. 학대 피해자가 청소년이라면 기억을 지워버리려고 술이나 마약에 빠질 수 있다.

청소년 피해자는 아마 어린나이에 임신하거나, 친구와 성관계를 가지라고 다른 친구를 부추길 수 있다. 어린 나이에 성적으로 학대를 당한, 젊은 엄마는 나에게 이렇게 말했다. "내가 잘 할 수 있는 거라곤 귀여운 아기들을 낳는 일이었죠." 남자 여러 명과 관계를 가지고 귀여운 아기를 낳는 능력이 그녀의 정체성을 완전히 덮어버렸다. 그녀는 아기를 낳을때마다 자존감을 잃어서 급기야 자신이 사회에서 할 수 있는 역할은 관계를 가지고 아기를 낳는 것 뿐이라고 믿게 되었다.

성적 학대를 겪은 피해자 가운데, 외상후 스트레스장애나 관련된 증상을 겪는 사람이 많다. 그 때 기억이 플래시백처럼 계속 돌아오고, 악몽을 꾸며, 거슬리는 생각이 자꾸 든다. 학대 피해자는 성적 학대 체험을 어떻게든 다루어보려고 마음을 분리해버린다. 그래서 지금 일어나는 일에 대한 신체 감각을 부정하고 방에 있는 물건이나 마음 속 생각에 주의를 기울인다. 성적 학대에서 벗어난 후에도 피해자는 술과 마약에 몰두하면서 분리하기 기제를 계속 사용할 수 있다.

성적 학대를 한번 체험한 피해자들은 친구와 좋은 관계를 맺는 것을 어려워한다. 특히 상대를 잘 믿지 못한다. 그들은 제일 가까웠던 사람에게 상처를 입었으므로 사람을 다시 신뢰하다가 똑같은 상처를 받지 않으려 한다.

학대를 한번 체험했던 이들은 학대가 일어날만한 상황은 무슨 수를 써서라도 피하려할 것이다. 교회나, 교회 구성원에게서 학대를 당했다면, 피해자는 그 교회에 다시 가지 않으려 하거나 아예 교회를 다니지 않으려 할 것이다. 더구나 그가 나중에 부모가 된다면, 자녀가 교회 활동에 참여하는 것을 무척 말릴 것이다.

성적 학대를 어떻게 다룰까요?

교회는 성적 학대문제를 혼자 풀어보려고 할 때가 많다. 아마 교회는 학대가 일어났음을 진심으로 믿지 않는 것 같다. 교회는 나쁜 여론이 일어나지 않길 바라는 것 같다. 교회는 혼자 이 문제를 풀 수 있다고 생각한다. 의도야 좋다. 안타깝게도, 이런 태도는 피해자 아이에게 필요한 도움을 거절하고 가해자가 피해자를 반복해서 성적으로 학대할 기회를 더 만든다.

아동 학대를 다루는 전문가가 아니라면, 아이를 상세하게 취조해서는 안된다. 아이는 우리가 던지는 질문에 쉽게 말려 들어 우리의 감정에 반응하려 할 것이다. 더구나 자기가 겪은 일을 다른 사람들에게 반복해서 말하라고 아이에게 요구하는 짓은 아이가 겪은 사건을 제대로 파악하지 못하게 하며 아이를 한번 더 피해자로 만들어버린다.

교회는 성적 학대의 복잡한 성격을 다룰만큼 준비되어있지 않다. 그래서 교회는 지역의 전문가와 협력해야한다. 전문가는 아이를 안전하게 지키고 증거를 수집하며 아이와 나머지 가족 구성원에게 희망을 주고 다시 힘을 불어넣도록 도울 수 있다. 성적 학대로 추정되는 행위를 목격했을 때는 즉시 관계당국에 신고해야한다. 이제 지역사회도 아동보호센터가 있는 곳이 많다. 이 곳에는 법의학적 지식을 갖춘 노련한 상담가가 아이와 이야기하면서 아이를 보호하는데 필요한 정보를 얻고 기소를 진행하며 아이와 가족을 지원할 준비를 한다.

그렇다고 교회가 성적 학대를 예방하는데 무능하다는 말은 절대 아니다. 우리 아이를 보호하려고 여러 정책을 실행하고 행동을 취할 수 있다. 무엇보다 먼저 해야 할 일은 아이가 어른과 절대 홀로 있지 않게 하는 것이다. 아이는 두 명의 어른과 함께 있어야 한다는 규칙은 중요하다. 두 명의 어른이 서로 모르는 사이일 때, 이 규칙은 더 강한 효과를 낳는다. 이 규칙을 미리 실행하면 아이가 차 안에서 어른과 홀로 있는 일은 없을 것이다. 특히 여자 아이가 남자 어른과 홀로 있는 일은 없을 것이다. 사무실과 교실의 창문도 중요한데, 이것은 교회에서 하는 활동을 모두 다른 사람이 볼 수 있다는 메시지를 전달한다. 교회 직원과 자원봉사자의 이력을 조사하는 것도 잠재적 성 학대자를 미리 차단하는데 도움이 되며, 이력을 조사함으로써 학대를 조심하라고 모든 사람에게 알릴 수 있다. 다음 장에서 이런 절차를 기술할 것이다.

학대예방조치를 실행하면, 아이와 함께 우리 자신도 보호할 수 있다. 학대예방조치를 통해 잘못된 고소를 미리 막을 수 있다.

예를 들어, 당신이 아이와 이야기하는 것을 누군가 듣고 오해를 했다면, 그 자리에 함께 있었던 어른이 간단하게 증언만 해주어도 당신은 오해를 피할 수 있다. 아이는 늘 두 명의 어른과 함께 있어야 한다는 예방조치를 미리 준수한다면, 그렇게 할 수 있다는 뜻이다. 우리는 학대가 있었다는 고발을 진지하게 검토해야한다. 고소가 있었으나 그것이 틀린 것으로 보인다면, 고소가 정말 도움을 요청하는 부르짖음인지 잘못된 고발인지 판단하는데 전문가적 식견이 꼭 필요하다.

성적 학대를 일삼는 가해자는 당신이 사는 지역에도 있다. 그는 우리를 쳐다보고 있다.

당신이 다니는 교회를 둘러보라. 성적 학대자가 교회에 다니는 한 아이와 단둘이 있기 쉬운 환경인가? 교회 교육과정을 찬찬히 들여다보라. 성적 학대자가 아이나 십대와 친근한 관계를 맺기 쉬운 환경인가? 성적 학대자가 아이에게 접근할 방법을 찾는다고 가정해보자. 성적 학대자가 당신의 교회를 선택할 가능성은 얼마나 될까? 당신 자신이 이미 손쉬운 상대로 보일까? 안전수칙을 수용하고 교회 구성원에게 알려라. 안전수칙이 아이를 보호하는데 얼마나 유익한지 당신은 짐작조차 못하고 있다. 그러나 그것은 도움이 된다.

1. 트레이시가 성적 학대를 당할 때, 트레이시는 어떤 역할을 했을까? 트레이시가 성적 학대를 당할 때, 교회와 가족의 어른들은 어떤 역할을 맡고 있었나? 트레이시의 엄마와 교회 비서, 담임목사, 교단노회장, 트레이시의 친구들, 에릭목사의 아내는 어떤 역할을 맡았는가? 누가 성적 학대에 대해 책임을 져야할까?

2. 에릭목사를 어떻게 대하는 것이 옳을까?

3. 트레이시에게 에릭목사를 용서하라고 요구해야할까?

4. 당신이 담임목사나 노회장이라면, 이 상황에서 당신은 어떤 절차를 거쳐 이 일을 처리하겠는가? 이 일을 처리할 때, 어떤 절차를 거치겠는가? 그렇게 일을 처리한다면, 결과가 달라졌겠는가?

5. 교회는 트레이시가 성적 학대를 당하지 않도록 무슨 일을 할 수 있었을까?

6. 당신의 교회에 출석하는 아이들은 성적 학대의 가해자에게 쉽게 당할까? 어떻게 그런 일이 벌어질 수 있을까?

7. 당신의 교회는 아이들을 성적 학대자에게서 어떻게 보호하는가?

행동지침

1. 당신의 교회를 둘러보라. 그리고 어른이 아이와 단둘이 있을만한 곳을 찾아보라. 창문이 없는 방이나, 안에서 잠글 수 있는 방을 찾아보라. 사건이 터질만한 곳을 찾았다면, 이런 장소를 아이에게 안전한 곳으로 개조할 수 있는지 교회시설 담당자와 함께 의논해보라.

2. 아동의 안전과 보호 정책을 교회안에 배치하고 읽어보라.

3. 당신의 교회가 제시하거나, 당신의 교회를 통해 알려진 아동보호프로그램과 지원이 있는가? 그것을 다시 검토해보자. 아이는 늘 두 명 이상의 어른과 함께 있어야 한다는 규칙이 유보될 수 있는 상황이 있는가?

4. 당신의 교회에 출석하는 아이와 청소년에게 건강한 성과 성적 학대, 강간, 데이트 폭행에 대해 얼마나 정보를 줄 수 있을까? 자치단체의 아동교육담당자와 이 문제에 대해 이야기해보자.

8장

위험 요인과 보호 요인

주님께로 피신하는 사람은 누구나 기뻐하고,

길이길이 즐거워할 것입니다.

주님을 사랑하는 사람들이 주님 앞에서 기쁨을 누리도록,

주님께서 그들을 지켜주실 것입니다. 시5:11

사건이 일어났을 때, 우리는 왜 그런 일이 벌어졌는지 늘 알려고 하는 것 같다. "애나는 무엇 때문에 아들을 불에 태워죽였을까?" "주일 학교교사가 왜 학생을 폭행했을까?" 이 질문은 분명 중요하면서도 우리를 압박한다. 아동학대를 끝장내고 싶다면, 결국 우리는 왜 아동학대가 일어나는지 가장 먼저 알아야 하지 않을까? 연구자들은 수 년간 이 질문을 열심히 탐구했지만, 단순하거나 딱 맞는 답을 내놓지 못했다. 앞으로도 연구자들은 그런 답을 내놓지 않을 것이다.

연구자들은 아이와 가족이 아동학대에 더 쉽게 빠지게 하는 요인들을 밝혀냈다. 우리는 아동학대를 야기하는 단일 원인이나 원인군을 여전히 밝히지 못했다. 하지만 위험요인이 많아질수록 아이가 다칠 가망성도 커질 것이다.

아동학대를 야기하는 위험요인 가운데 가장 지배적 요인들은 다음과 같다. 학대와 가난, 가정폭력을 겪은 부모, 부모의 약물중독, 부모가 받는 스트레스, 정신건강, 장애가 있는 자식. 물론 이런 요인들은 홀로 아동학대를 유발하지 않는다. 그러나 이런 요인들이 실제로 아이와 가족에게 있으면, 학대를 당할 위험도 커진다. 위험요인의 수가 증가하면 학대를 당할 위험도 커진다.

반갑게도 연구자들은 보호요인을 밝히는 작업도 한다. 보호요인이란 아이가 학대를 당하지 않게 보호할 수 있는 요인을 뜻한다. 위험요인처럼, 가족이나 아이의 특성도 보호요인이 될 수 있다. 다시 강조하지만, 하나의 보호요인만으로 아이가 학대를 당하지 않을 거라고 장담할 수 없다. 그러나 보호요인이 많을수록, 아이도 더 안전해진다. **위험요인이 많아지면 아이는 학대에 더 쉽게 노출되지만, 보호요인은 완충제 역할을 한다. 보호요인은 학대에 노출되는 정도를 줄이고 학대에 노출되지 않게 막는다.**

놀랄만큼 복원력학대를 겪은 후에 다시 일상생활로 되돌아오는 능력이 강한 아이도 있다. 이들에게 불운을 딛고 일어서는 능력이 있으며, 이들은 극심한 역경과 고난을 겪지만 부정적 영향을 받지 않는 것 같다. 개인적 성격 덕분에 어떤 아이들은 오랫동안 해를 입는 일을 피할 수 있다. 낙천적 성격과 자부심, 지능, 창의성, 유머감각, 독립심은 아이를 보호하는 요인들이다.1)

그렇지만, 우리는 어른으로서 아이를 안전하게 보호하고, 아이가 감당하기 버거울만큼 스트레스 요인에 노출되지 않도록 최선을 다해야 한다. 부모가 양육지식과 기술을 갖추고 사회적 지원도 받을 때, 이런 상태를 보통 가족보호요인이라 부른다. 나는 신앙과 교회 출석도 보호요인으로 꼽고 싶다. 이 장에서 다음과 같은 보호요인과 위험요인을 논의할 것이다.

위험요인	보호요인
▶ 빈곤	▶ 양육지식과 기술
▶ 가정폭력	▶ 사회적 지원
▶ 약물중독	▶ 신앙과 교회출석
▶ 부모가 받는 스트레스	

위험 요인 : 빈곤

아동학대에 대한 연구를 따르면, 빈곤과 아동학대와 방임 사이에는 무척 강한 상관관계가 있다. 극빈계층 아이의 경우, 수입이 1만5천달러에서 2만9천달러가 되는 가정의 아이보다 아동학대에 시달릴 가능성이 3배나 높았다. 그리고 최상위 계층의 아이보다는 무려 25배 높았다.2) 그러나, 극빈계층의 가족은 대부분 자식을 학대하거나 방임하지 않는다는 것을 알아두자.

가족을 수입으로 분류하든, 교회를 교파로 분류하든, 아동학대는 온갖 가족과 교회에서 일어난다. 상대적으로 소득이 적은 가족이나 지역사회에 일어나는 아동학대가 더 크게 보도되는 것 같다. 더 부유한 가족에서 일어나는 아동학대는 더 쉽게 은폐될 수 있다. 이 가족은 여러 자원을 동원하여 사회복지국의 감시를 덜 받으려 한다. 그러나, 빈곤한 가족의 아이들은 사회적 서비스를 이용할만한 능력이 더 적기 때문에 위험에 더 많이 노출된다. 빈곤한 환경이 가하는 스트레스는 늘 있고, 안전도 보장되지 않으며, 양육 교육도 부족하다.

신앙 공동체는 가난한 가족에게 많은 것을 줄 수 있다. 우리는 가난한 자에게 복음을 전하라고 부름받았다.마11:5, 눅4:18, 눅7:22사도행전 2장 45절에 나타난 초대 기독교인의 모

범을 보자. "그들은 재산을 팔아 궁핍한 자에게 돈을 나누어주었다." 요한 일서 3장 17절은 질문에 답하면서 이렇게 말한다. "누구든지 세상 재물을 가지고 있으면서 형제 자매의 궁핍함을 보고도 마음 문을 닫고 도와주지 않으면, 어떻게 하나님의 사랑이 그 사람 속에 머물겠습니까?"

음식과 옷가지, 보금자리를 나누어준다면, 그것은 가난한 가족에게 크게 도움이 되며 좋은 결과를 낳을 수 있다. 부모가 하루하루 어떻게 살아야할지 걱정할 필요가 없다면, 물리적 감정적 자원을 더 투자하여 분명하지 잡히지 않지만 중요한 필요까지 채울 수 있다. 예를 들어, 안아주고, 숙제를 돕고, 동화책을 읽어줄 수 있다.

위험 요인: 가정폭력

부모들이 서로 폭력을 휘두르거나, 부모 한 명에게 폭력을 휘두르는 것은 아이에게 엄청난 위험요인이다. 캐나다 사회복지사들이 2003년에 보고한 것에 따르면, 사회복지사가 조사한 여성 양육자의 51%가 가정폭력에 나쁜 영향을 받았다.[3] 미국에서는 아동학대피해자의 24%는 가정폭력을 당할 수 있는 양육자를 가지고 있다.[4] 아이를 학대하면서 여성 양육자를 학대하는 경우도 많다. 설사 그렇지 않다 해도 아이는 가정에서 폭력의 분위기를 듣고 느낀다. 캐나다 통계청을 따르면, " 배우자에게 폭행당하는 여자 가운데 40%는 자식도 폭행을 곧바로 당했다고 말했다. 상당히 심하게 폭행을 당한 사례가 많았다. 남편에게 맞은 여자 가운데 절반의 경우, 자식이 엄마가 폭행을 당했다고 증언했다. 이 때 여자는 생명의 위협을 느낄 정도로 맞았다."[5]

매맞는 여자는 자식이 학대를 당한다고 짐작을 해도 양육권을 잃을까봐 신고를 꺼린다. 미국과 캐나다의 아동보호법률제도는 가정폭력과 아동학대가 함께 일어나는 상황에 대응하려고 애쓴다.

아이는 가정폭력 때문에 겁먹는다. 우리도 똑같다. 가정폭력에 시달리는 아이는 행복하게 살 수 있을지 의심하며 엄마의 행복까지 의심한다. 특히 아들은 엄마를 보호하려 한다. 때때로 엄마를 때리는 아빠의 등에 올라타 폭행을 막으려 한다. 나도 이런 사례를 안다.

가정폭력에 시달리는 가족의 아이들은 지나치게 책임을 지려고 한다. 아이들은 폭행이 있다고 느낄 때 조금은 자기 잘못이라고 생각한다. 아이들은 가족의 일을 숨기고 난장판이 된 집안을 치우면서 안전하게 지낼 방법을 궁리하며 엄마를 돕는 조력자가 된다.

신앙 공동체는 가정폭력문제가 있는 가족을 도우려 할 때, 아주 신중해야한다. 신앙공동체는 가족의 결속을 다지고 아이를 보호하는 일을 할 수 있다. 그러나 일단 가정폭력이 정말 일어나면, 그 여파는 폭탄처럼 무섭다.

이런 가족을 상대할 때는 우리 자신의 안전도 지켜야한다. 또한 그 가족을 도우려는 노력이 오히려 사태를 더 복잡하게 만들기도 한다는 것을 알아야 한다. 우리는 좋은 의도로 방문했지만 가해자를 화나게 할 수 있다. 가해자는 가족을 고립시켜 계속 때리려 할 것이다. 가해자에게 상처를 입거나 죽임을 당하는 여자들은 대부분 도망치려다가 그런 일을 당한다.

가정폭력이 정말 일어나고 있을 때 신앙공동체가 실제로 개입하려면 관계당국과 전문가와 협력해야한다. 신앙공동체는 폭력이 일어나는 전체 과정을 더 많이 공부하고 여성과 아이가 당하는 피해에 대해서 더 많이 알아볼 수 있다. 오늘이라도 가정폭력피해자를 위한 쉼터에 연락하여 도울 일이 있는지 알아보라.

위험요인 : 약물남용

정말 위험이 되는 요인은 약물남용이다. 이 주제는 아이와 가족이 다루기 어렵다. 알코올이든, 마리화나든, 코카인이든, 메타암페타민이든, 약물남용은 아이와 가족을 망친다. 2003년 캐나다의 아동복지사는 남성 양육자 가운데 거의 30%는 알코올을 남용한다고 보고했다.[6] 부모가 약이나 술에 취해 자기 행동이 어떤 결과를 낳는지 제대로 의식하지 못할 때, 신체학대가 일어날 수 있다. 부모가 약이나 술에 취해있거나 자식을 보호할 수 없을 때, 성적 학대가 일어날 수 있다. 가족이 가진 돈을 약물 구입에 써버려 세금도 못내고 음식도 사지 못하면, 아이는 반드시 방임될 것이다. 부모가 매일 술이나 약에 취해서 아이의 필요를 채울 수 없을 때도, 아이는 분명 방임될 것이다.

약물남용은 아이에게 피해를 준다. 약물남용 때문에 아이는 다른 가정에 위탁되어 오랫동안 보호 받을 수 있다. 부모는 약물에 중독되어 고심하기 때문이다. 도박같은 중독성 활동은 약물중독과 똑같은 효과를 낳는다.

 약물남용 문제가 있는 가족을 다룰 때도 교회는 무척 신중해야한다. 가정폭력문제와 비슷하다. 무슨 약물이든, 하여간 약물에 의존하는 사람들은 타인을 조종하려고 든다.

약물에 중독된 사람이 교회 전체를 감정적으로 볼모로 삼아 도움을 요구하면서 계속 중독을 이어나가는 것을 본 적이 있다. 교회는 너무나 도움을 주고 싶은 나머지 중독 행동을 꽤뚫어보지 못하고 중독자가 실제로 약물을 계속 복용한다는 것을 깨닫지 못했다. 약물남용을 치료하려면 전문가의 도움이 필요하다. 교회는 가족을 지원하고 치료를 받을 때 가족 옆을 지킬 수 있다. 이 때 아이에게 안전한 거주지집을 제공하는 것이 무엇보다 중요하다.

위험요인 : 부모가 받는 스트레스

사람들은 스트레스에 대해 서로 다르게 반응하고 행동한다. 그렇지 않나? 한가한 날에는 6살된 딸아이가 징징거려도 참을만하다. 그러나 스트레스를 받은 날에는 별로 참지 않는다. 위험요인이 있는 가족은 어마어마한 스트레스를 받는다. 나는 혼자 아이를 키우는 엄마인데, 아직 학교에 들어가지 않은 아이가 세 명이나 되고, 최저임금을 받으며, 믿을만한 교통수단도 없고, 부엌의 수도가 고장난다면, 스트레스가 무엇인지 정말 알게 될 것이다.

스트레스를 받게 되면, 싸우거나 피하기 행동양식이 나타난다. 이것은 아이 양육에 좋지 않다. 특히 일상생활에서 그렇다. 만성적으로 위기를 겪는 가정도 많다. 가난 때문에, 형편없는 의사결정 때문에, 운이 나빠서 그렇다. 스트레스를 받는 부모는 신체적으로 성적으로 아이를 학대하기 쉽거나, 아이의 필요를 인지하고 적절하게 대응할 수 없다.

엄청난 스트레스를 받으면서도 아이를 돌보려고 분투하는 엄마들의 이야기가 성서에 나온다. 하갈의 괴로움을 생각해보자. 아브라함은 하갈과 어린 아들을 사막으로 쫓아냈다. 한 줌되는 물과 음식을 먹고 나서 하갈은 아들을 덤불 밑에 누이고 그 곳에서 물러났다. 아마 육식동물에게서 아들을 보호할 수 있을만큼 떨어져 있었겠지만, 아들이 우는 소리가 들리고 죽어가는 모습이 보일만큼 가까이 있지는 않았을 것이다. 창세기 21장을 보면, 하나님은 아이의 울음을 들으시고 하갈에게 물을 주어 아이를 먹이도록 했다. 하나님은 이 작은, 한 부모 가족에게 머무시고 그들이 사막에서 생존하도록 도우셨다.

열왕기상 17장에서는 곤경에 빠진 과부와 아들 이야기가 나온다. 먹을 음식이 다 떨어진 것이다. 이 과부는 나무를 주으러 밖으로 나갔다. 이제 마지막 남은 빵을 구워 먹으려고 땔감을 줍고 있다. 그녀는 하루라도 더 살아보려고 기름과 밀가루를 아주 조금씩 사용했다. 하지만 이제 마지막이 왔다. 이것으로 빵을 만들면, 기름과 밀가루는 모두 소진된다. 과부는 앞으로 무엇을 할까? 아들을 어떻게 먹여살려야할까? 이런 고민에 사로잡혀있는데, 한 남자가 그녀를 부르더니 음식과 마실 것을 달라고 말한다. 과부는 한 숨을 쉬며 대답한다. "어른께서 섬기시는 주 하나님께서 살아계심을 두고 맹세합니다. 저에게는 빵 한 조각도 없습니다. 다만 뒤주에 밀가루가 한 줌 정도, 그리고 병에 기름이 몇 방울 남아 있을 뿐입니다. 보시다시피, 저는 지금 땔감을 줍고 있습니다. 이것을 가지고 가서, 저와 아들이 죽기 전에 마지막으로 남아있는 것을 모두 먹으려고 합니다."왕상 17:12

앞에서 인용한 창세기 이야기처럼, 하나님은 이 과부와 아들의 필요를 채우셨다. 음식과 마실 것을 요구한 남자는 선지자 엘리야였다. 엘리야는 그녀가 엘리야에게 음식을 제공하면, 그녀와 아들은 궁핍한 때를 견뎌낼 만큼 충분한 기름과 밀가루를 얻게 될 것이라고 약속했다. 과부는 엘리야의 약속을 믿고 소망하면서 순종했고, 그녀와 아들은 필요를 채울 수 있었다.

 우리도 위기에 처한 가족과 관계를 맺으면서 그들이 받는 스트레스를 줄일 수 있다. 우리는 바쁜 부모를 위해 아이를 잠시 맡아주고, 수퍼마켓에 태워다주며, 함께 소풍을 갈 수 있다. 이들과 함께 야외로 나가 아이들이 마음껏 놀도록 풀어주고, 신선한 공기를 마시면서 이들의 말을 들어줄 수 있다.

취업과 아이돌봄, 주택공급, 교육, 건강관리 같은 손에 잡히는 자원을 제공한다면, 낮은 임금을 받는 가족의 스트레스를 상당히 줄이고 그들이 더 건강한 가족이 되도록 도울 수 있다.

위험요인: 부모의 정신건강

정신건강에 문제가 있는데도 가만히 있는 부모는 아이를 충분히 돌볼 수 없고 아이의 필요를 충분히 채울 수 없다. 약물남용사례와 비슷하다. 특히 엄마가 우울증에 걸리면 아이는 자주 방임된다. 내가 아는, 한 엄마는 너무 우울해져 소파에서 일어나지 못하고 아파트에서 나올 수 없어 아이를 제대로 지켜보지 못하고 건강에 좋은 음식을 먹이지 못하며 아이에게 필요한 의료서비스도 제공하지 못했다. 이런 우울증은 아동기에 당한 성적 학대에서 올 수 있고, 최근에 임신해서 올 수도 있다. 물론 다른 이유가 있을 수 있다. 우울증의 원천이 무엇이든, 아이는 상처를 입거나 방임된다. 상처를 입고 방임되기도 한다.

 이런 위험요인을 다룰 때 우리는 부모에게 정신건강전문가를 소개하고, 도움받는 것을 가로막는 장애물을 치울 수 있겠다.

위험요인: 장애가 있는 아이

형편이 가장 좋을 때라도 우리는 부모로서 양육이 무척 힘든 일임을 안다. 그런데 아이에게 장애가 있거나 만성질환이 있다면, 부모의 일은 기하급수적으로 늘어난다. 이런 아이를 돌보는 부모는 신경써야 할 일이 많고 재정압박을 심하게 느끼고 사회적 고립도 체험한다.

아이에게 장애가 있기에 돌보는 것도 더 힘들다. 아이와 소통하는 일도 어려울 수 있다. 아이에게서 행동장애와 감정장애가 나타날 수 있다. 반항적 기질을 가진 아이도 있다. 아이를 안전하게 보호하고 필요를 채우려면 양육자는 바짝 긴장해야할 것 같다. 장애가 있는 아이를 돌볼 때 어려움이 더해지므로, 부모가 재정적으로 부담가능하고 적절한 보육시설을 찾지 못할 때 위탁보육이 특별히 필요할 것이다.

이런 가족이 받는 스트레스는 무척 빠르게 상승한다. 그래서 위험요인이 더 위험해진다. 내가 아는, 한 부모는 뇌성마비 자녀가 한 명 있는데, 이 부모는 고발당했다. 학교 교사가 아이의 환자용 의자와 기저귀에서 바퀴벌레를 발견했기 때문이다. 전 날부터 기저귀도 갈지 않은 상태였다.

슬프게도, 장애아는 학대나 방임을 당하기 훨씬 쉽다. 어떤 종류의 학대와 방임에서도 사정은 똑같다. 가해자는 장애아를 지목한다. 이 아이는 학대를 신고할 수 없기 때문이다. 장애아의 기저귀를 갈아주거나 장애아를 휠체어로 옮길 때, 장애아는 도와주는 사람이 자신을 올바로 만지는지 부적절하게 만지는지 구별하기 어려울 수 있다. 장애자는 특히 상처받기 쉬우므로, 더 신경써서 보살피고 보호해야한다.

우리는 신앙공동체로서 장애아가 있는 가족에게 우리가 도울 일이 없는지 반드시 물어보아야한다. 그들에게 도움이 필요하다거나 그들은 도움을 원한다고 가정해선 안된다. 물론 우리는 그들을 환영하고 그들이 다가올 수 있는 신앙공동체가 되어야한다.

보호요인 : 양육지식과 기술

아이를 학대하거나 방임하는 부모를 떠올려보면 아마 화부터 날 것이다. 학대받는 아이를 생각하면 슬퍼진다. 그래서 우리는 판사가 그 부모를 양육교실로 보내도록 판결하길 바란다. 판사와 관계당국은 부모들을 정말 양육교실로 보낸다. 이것은 가족을 돕고 아이를 보호하는 중요한 과정이다. 양육교실에는 무척 훌륭한 교육과정이 실행되고 있다.부록1을 보라

알다시피, 아이를 잘 양육하는 능력은 그냥 저절로 생기지 않는다. 우리 가운데, 훌륭한 양육을 보여주는 부모들이 있다. 복이 많은 이들이다. 우리는 이들이 보여준 모범에 따라 아이에게 반응하고 대응했다. 물론 이들에게서 배우지 못한 운이 없는 부모들도 있었다. 우리의 부모 가운데 어려운 시기에 아이 곁에 없었던 분도 있고, 최선을 다한 분도 있다.

아동발달과 양육기술을 가르칠 때, 양육교실은 무척 유용하며 양육태도에도 영향을 줄 수 있다. 특히 어린 부모들은 아이의 나이와 발달단계에 대한 기초 정보를 알고 있어야한다. 예를 들어, 보통 몇 살 때 용변을 가리는 연습을 할 수 있을까?

아이는 보통 언제 더 반항적이 될까? 조금 더 좋게 기술하자면, 아이는 보통 언제 자신을 강하게 내세울거라고 생각하는가?

부모가 아이에게 어떤 기대를 할 때, 아동발달에 대한 이런 정보를 세세히 알아햐 한다. 아이를 학대하거나 방임하는 부모는 이런 규칙을 모른 채 아이에게 너무 많이, 너무 적게 기대한다.

내가 아는 한 엄마에게 14개월된 아들이 있었다. 아들은 걷거나 말하려는 기미를 전혀 보이지 않았고 몸무게도 7.8kg 밖에 안나갔다. 그런데 이 젊은 엄마는 아동발달을 잘 몰랐다. 예를 들어, 아들은 체중이 너무 적고 신체발달도 더디기 때문에 도움이 필요했지만, 엄마는 이것을 깨닫지 못했다.

다른 엄마는 9살된 아들이 학교에서 바지에 똥을 싸버렸다는 것을 알게 되었다. 그러나 엄마는 아무런 조치도 취하지 않았다. 아마 그녀는 이것이 정말 문제가 된다고 생각하지 못했을 것이다. 아니면, 앞에서 말한 엄마처럼, 다른 일이 너무 바빠 아들에게 도움이 필요하다고 생각하지 못했을 것이다. 어쩌면 의학적 문제가 있어서 대변을 가리는 행동에 이상이 생겼을지 모른다. 그러나, 이런 이상은 성적 학대를 가리키는 지표가 될 때가 많다. 이 아이도 그런 경우였다.

양육을 가르치는 수업을 하면서 부모에게 아동발달과 소통과 훈육 같은 중요한 기술을 가르친다. 양육수업이 양육에 어떤 영향을 주는지 깨닫고 탐구하는데 도움이 되는 수업도 있다.

그러나, 부모를 양육수업에 보내는 것은 가족을 돕고 아이를 보호하는데 필요한, 하나의 서비스일 뿐이다. 학대가 심하게 일어나는 가족에게는 양육수업에서만 알 수 있는 것보다 훨씬 많은 것이 필요하며, 그런 가족의 필요는 훨씬 복잡하다.

우리는 신앙공동체로서 공동체 구성원과 지역사회 주민에게 양육수업을 제공할 수 있다. 이것도 봉사의 방법이다. 우리는 양육수업을 제공하는 지역사회조직에서 자원봉사도 할 수 있다. 교사와 직원, 아동복지사로서 봉사할 수 있다. 가정을 방문하는 것도 양육기술을 배우고 전하는, 무척 효과있는 방법이다. 지역사회의 아동보호단체에 전화를 걸어 자원봉사자로 일할 수 있는지 알아보라.

보호요인 : 사회적 지원

외롭다고 느껴보았는가? 완전히 혼자라고 느껴보았는가? "이 세상에 나를 쳐다보는 사람은 아무도 없어."라고 말할 수 있는가? 우리 가운데 이만큼 외로운 사람이 많지는 않다. 물론 우리도 외롭다. 그러나 대체로 우리는 자존심 때문에 가족이나 친구에게 전화하지 않는다. 전화를 받아줄 가족이나 친구가 없어서 전화를 하지 않는 것은 아니다.

아이를 학대하거나 위험요인이 많은 가족 가운데 사회적 지원을 받지 못하는 가족이 많다. 캐나다의 아동복지사아동복지 담당자들은 학대나 방임을 하여 조사를 받은 부모의 40%가 사회적 지원을 받지 못하고 있다는 것에 주목했다.[7] 아마 그 부모들은 자기 가족과도 떨어져 지내는 것 같다. 그들이 바로 자기 가족에게서 학대를 받았기 때문이다. 이제 그들에게도 가족이 생겼지만, 가족관계는 별로 좋지 않다. 자신이 꾸린 가족보다 자신의 부모가 더 형편없을 때도 있다. 그래서 그들은 가족에게 도움이나 지원을 바랄 수 없다. 가족은 도움이나 지원을 줄 수 없기 때문이다. 부모는 직업도 있고 새로운 양육기술도 배우고 사용하지만, 조부모나 형제 자매들이 시기하고 정죄하고 지나치게 요구할 때도 있다. 요점은 이렇다. 가족이 항상 도와줄 수 없다.

그렇다면, 친구에게 사회적 지원을 기대할 수 있을까? 좋은, 건전한 친구라도 당신이 사는 곳이 너무 멀어서 돕지 못할 수도 있다. 더구나 위험 요인이 많은 부모들은 건강한 친구관계를 가꾸고 유지하는 사교술이 부족하다. 나와 상담을 한 엄마들은 이웃에 사는 사람들을 대체로 불신했다. 엄마들은 이웃 사람이 모두 게으르고 마약을 하면서 험담을 일삼는 사람이라고 말했다.

이 엄마들이 중요하게 여기는 일을 보면, 건전하고 좋은 관계를 맺는 것은 뒷전이고 살 집을 구하고 음식을 만드는 일이 먼저다.

지역사회의 사회적 지원망에는 교회와 보육, 의료지원, 거주지, 경찰보호가 있다. 경제적으로 빈곤층에 속한 가족에게는 이런 서비스가 특히 필요하다. 이런 서비스를 이용하든, 이용하지 않든, 부모는 이런 서비스가 있는지, 어떻게 연락하는지, 서비스를 받을 수 있는지 알고 있어야 한다. 그리고 이런 서비스가 정말 도움이 될 거라고 인지하고 있어야 한다.

아동학대와 방임이 일어날 위험이 있는 가족은 공동체에 대해 좋은 감정을 가질 필요가 있다. 아이가 아파서 치료를 받아야 할 때, 급한데 연락이 안될 때, 이런 가족이 연락할 수 있는 사람이 있어야 한다. 양육할 때 함께 있거나, 같이 지내면서

조언을 하고 도움을 줄 사람이 필요하다. 그들은 감정적으로도 지지를 받아야 한다. 신경써주고, 믿어주며, 좋게 생각해주고, 공감하며, 다른 관점을 보여주는 사람이 필요하다. 그들은 정보도 받아야 한다. 아이가 밤에 잠을 잘 자도록 돕는 방법도 알아야 하고, 어디에 가야 저렴한 가격으로 백신을 맞을 수 있는지 알아야 한다. 그들은 옆에서 실제로 도와줄 수 있는 사람도 필요로 한다. 보육이나 차 타는 것을 돕고, 기본적 일상업무를 보조해줄 사람이 필요하다.

가족이 사회적 지원을 제대로 받으려면, 이런 요소들이 제 때 준비되어 있어야한다. 이 때 신뢰가 큰 걸림돌이다. 많은 부모가 도움을 요청하기 꺼린다. 과거에 이용을 당하고 속임을 당하거나, 상대가 약속을 지키지 않았기 때문이다. 당신은 가족을 상대할 때 그들을 존중하면서 오래 참을 수 있는가? 당신이 다른 가족이 처한 형편을 겪어보지 않았다면, 그들에게 무엇이 없는지, 무엇이 필요한지 실제로 모를 것이다. 하여간 무슨 일이든 하려고 한다면, 하라.

다른 어떤 기관이나 단체보다 신앙공동체는 많은 자원이 있어 사회적 지원을 제대로 할 수 있다. 신앙공동체는 대부분 훌륭한 양육모범을 가진다. 예를 들어 교회에는 모든 세대가 함께 있다.

교회에는 봉사활동을 책임지는 모임도 있다. 우리에게 봉사활동을 할 용기가 있는가? 우리는 외로운 부모를 도울 마음이 있는가? 타인의 친구가 되어 도와주겠는가? 우리 덕분에 가족이나 아이가 정말 크게 변한다는 것을 안다면, 우리는 기꺼이 봉사할 것이다.

예수의 가족

예수를 낳은, 이 땅 위의 가족을 생각해보자. 마태복음과 누가복음의 처음 2장을 보면, 위험과 보호를 가리키는 여러 표지들을 볼 수 있다. 21세기의 눈으로 마리아를 기술한다면, 마리아는 가난하고 어린 미혼모로서 훨씬 나이가 많은 남자와 관계를 가진 것이다. 아이를 낳을 날이 가까이 다가오자 마리아와 남자친구는 길고 힘든 여행을 시작했다. 예수를 낳았을 때, 예수의 부모는 집도 없이 낯선 땅에 있었다. 의료시설도 없고, 가족과 친구, 교회의 도움도 없었다. 목자와 동방박사가 출산축하파티를 열었다. 예수가 어릴 때도 헤롯왕은 예수와 가족을 죽이려했다. 그래서 예수의 가족은 이집트에서 난민으로 살았다. 예수는 나중에도 예루살렘에 방임되기도 했다.

당시에는 이런 요인들이 상당히 흔했다. 물론 마리아는 가족관계에 무척 헌신했다. 그렇지만, 위험요인은 여전히 있었다. 일부 요인은 가족안에 있었고, 일부 요인은 환경이 부과했다.

요셉과 마리아에게 장점이 많았다. 두 사람은 하나님을 믿었다. 하나님이 그들을 불러 부모의 역할을 맡겼다. 그들은 하나님의 인도에 따라 아들의 이름을 짓고 아들을 보호하고 길렀다. 음식과 거주지, 옷에 대한 필요도 채워졌다. 그들은 마리아가 임신했을 때 강력한 사회적 지원을 받았고, 예수가 어릴 때도 상당부분 사회적 지원을 받았다. 예루살렘으로 여행할 때 수 많은 사람들이 함께 갔다는 것을 생각해보자.

우리의 딸이나 아들이 다음과 같은 말을 들었다면, 싫어할 사람이 있을까? "아기는 자라나면서 튼튼해지고, 지혜로 가득하게 되었고 하나님의 은혜가 그와 함께 하였다." 눅2:40

우리는 가족에게 좋은 영향을 줄 수 있다. 우리는 가족과 사귈 수 있고, 더 큰 제도를 바꿈으로써 가족에게 영향을 줄 수 있다. 우리는 이런 활동을 통해 지금 세대와 미래 세대를 위해 아동학대와 방임을 막는다.

1. 마태복음과 누가복음의 1장과 2장을 보라. 예수의 가족안에 있는 어떤 위험요인과 보호요인이 있는가? 아래 표를 채워보라.

	위험요인	보호요인
마리아가 예수를 임신했을 때		
예수가 태어났을 때		
예수가 어릴 때		

2. 당신의 공동체안에 있는 주된 위험요인은 무엇인가?

3. 당신은 빈곤의 원인이 무엇이라고 생각하는가? 교회가 무엇을 해야 가족이 빈곤에서 벗어나는 것을 도울 수 있겠는가?

4. 가정폭력과 약물남용을 체험한 가족을 아는가? 이 가족의 아이들은 어떻게 바뀌었는가?

5. 어릴 때 상처를 이겨내고자 애써야했던 어른을 아는가? 이 분은 어린시절의 경험을 어떻게 이해하고 있는가?

6. 양육교실에 참석해보았는가? 양육교실은 도움이 되었는가? 아니면, 효과가 없었는가?

7. 당신의 교회는 교회 구성원에게 사회적 지원을 얼마나 하는가?

행동지침

1. 지역에 있는 가정폭력예방/대책기구에 전화를 하여 정보를 얻고 교회가 도울 일이 있는지 물어보라. 가정폭력 피해자 도움은 "여성긴급전화 1366"에서 안내 받을 수 있다. 법률적인 도움을 받으려면 국번없이 132번으로 대한법률구조공단의 무료법률 상담을 받을 수 있다.

2. 지역사회에 양육교실이 있는지 알아보라. 양육교실에 전화를 걸어 아이를 돌보거나 태워주는 일이 필요한지 물어보라.

3. 당신의 교회가 양육을 가르칠 때 사용할 수 있는 양육교육과정을 찾아보라.

4. 장애아가 있는 가족을 알고 있는가? 이 가족에게 연락하여 이번 주에 도울 일이 없는지 물어보라. 당신은 같이 식사를 하고, 차로 이동을 돕고, 대신 짐을 들어주면서 안내자 역할을 할 수 있을지 모른다.

9장

가해자

거짓 예언자를 살펴라.

그들은 양의 탈을 쓰고 너희에게 오지만,

속은 굶주린 이리들이다. 마7:15

　아동학대와 방임의 가해자라는 불쾌한 주제를 논하기보다 조금 즐거운 주제를 논해볼 수도 있겠다. 하지만 우리가 아이를 안전하게 보호해야 한다면, 아이가 만나서는 안될 사람의 얼굴을 똑바로 쳐다보아야한다.

　먼저 우리의 모습부터 들여다보아야한다. 그렇다. 우리 각자는 험악한 현실을 인정해야한다. 우리도 아이에게 해를 줄 수 있는 사람이다. 우리가 일부러 아이에게 상처를 주려고 하겠는가. 그러나 우리는 자라온 배경과 살아가는 환경, 시대에 매여있다. 그래서 얼마든지 아이를 해할 수 있다. 우리라고 해서 아동학대에서 면제되어있지 않다.

　나는 수업하면서 학생에게 이런 말을 했더니, 젊은 학생들이 자주 나의 말을 공격했다. "그렇지 않습니다. 교수님. 저는 도저히 아이를 학대할 수 없어요." 흥미롭게도, 부모들은 누구도 이렇게 나의 말을 반박하지 않았다. 사회경제적으로 가장 나은 때에도 부모에게 양육은 힘든 일이다. 그런데 사회경제적으로 가장 나은 시절이 자주 있었는가?

내가 지금 학대를 정당하게 만들려 한다고 생각하지 마시라. 단지 타인의 행동을 판단하기 전에 우리 자신의 생각과 행동을 점검해보자는 말이다. 우리 눈 안에 있는 들보부터 찾아내자. 나는 학대하는 가정이 아니라 잘 보살피는 가정에 태어났다. 이것은 오직 하나님의 은혜였다. 나는 강력한 사회적 지원을 받으며, 술이나 마약에 중독되지 않았고, 양육의 모범으로 삼을만한 사람도 많다. 이것도 오직 하나님의 은혜다.

당신도 성서에 나오는 디모데 같은 가정에 태어났을 것이다. 디모데후서 1장5절에서 디모데의 어머니와 할머니가 디모데의 영적 성장에 어떤 좋은 영향을 끼쳤는지 확인할 수 있다. 1장 5절 이전에 바울은 디모데를 "나의 사랑스런 아들"이라고 불렀다. 여러 세대의 사람들이 디모데를 지극히 보살폈던 것이다.

가족에게서 사랑과 보살핌이란 축복을 누린 사람들은 타인을 가혹하게 판단하거나 뺨을 후려치지 말아야 한다는 것을 잊지 말아야한다. 특히 그들이 우리와 다른 배경에서 성장했을 때, 더욱 그렇다.

아이를 안전하게 보호하는 것은 우리 모두가 짊어져야 할 책무다. 우리는 아동학대와 방임이 일어남을 부인해선 안된다. 따라서 우리 주변에 가해자가 있다는 사실도 부인하지 말아야 한다. 그리고 머리에서 악마의 뿔이 자라나는 가해자는 없다. 이것은 아무리 강조해도 지나치지 않다. 그들은 "순진한 양"처럼 가장하지만 실제로 "사악한 이리"다.마7:15 다시 말해, 가해자가 정말 무섭게 보이는 때는 드물고 오히려 순진하게 보이며 지극히 평범하게 행동한다. 사실, 가해자는 매력있는 사람으로 보일 수 있다. 당신의 교회나 지역사회에서 존경받는 지도자도 가해자일지 모른다.

잠재적 가해자나 실제 가해자를 간단하게 판별할 수 있게 하는 특성들은 없다. 아래 통계에서 나타나듯이, 피해자의 부모가 가해자인 경우가 흔

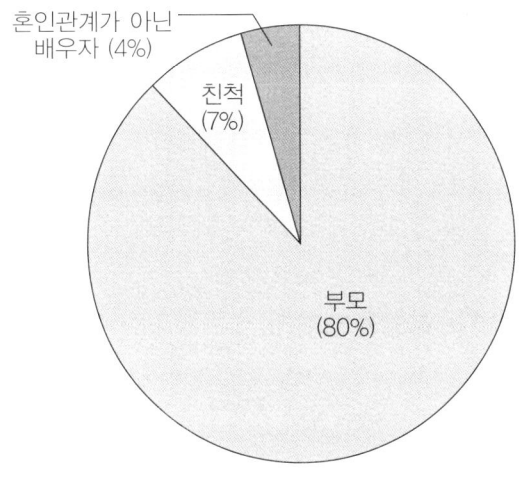

가해자와 피해자의 관계

혼인관계가 아닌
배우자 (4%)

친척
(7%)

부모
(80%)

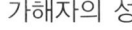

가해자의 성

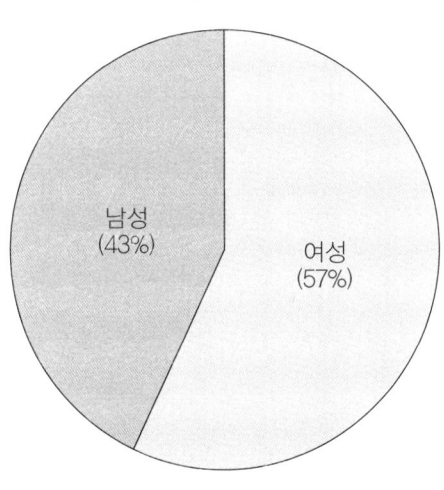

남성
(43%)

여성
(57%)

하다.80%: 가해자 부모 가운데, 생물학적 부모가 가해자인 경우는 91%다.
이것은 거의 늘 그렇다. 낯선 사람이 어두운 오솔길에서 튀어나와 우리 아
이를 붙잡는다고 너무나 많은 사람들이 상상하지만, 이것은 사실이 아니
다.

가해자의 절반 이상은 남자가 아니라 여자다.57% 가해자 나이는 대부분 20대에서 40대 사이다. 그런데 십대도 가해자 집단에 점점 가담하고 있다. 2007년에 여성 가해자의 평균 나이는 31세였고, 남성 가해자의 평균 나이는 34세였다.[1] 가해자의 인종분포는 피해자의 인종분포와 비슷했다. 말하자면, 가해자의 특징은 학대와 방임의 종류에 따라 무척 다르다.

아동을 방임하는 사람들의 특성

아동방임율과 빈곤율은 상관관계가 크다. 그래서 아동을 방임하는 부모의 특성은 빈곤한 부모와 비슷하다. 예를 들어, 아이가 많은 싱글맘들은 나이가 비슷하다. 나이차이가 별로 나지 않는다. 한 연구를 따르면, 빈곤율이 가장 높은 지역은 빈곤율이 가장 낮은 지역에 비해 방임신고건수가 18배나 많다.[2]

자식이 넷 이상인 가족은 2배에서 3배 가량 자식을 방임하기 쉬웠다.[3] 10대인데도 자식이 있는 부모들은 자식을 방임할 위험이 언제나 높다. 자식이 임신 10개월 이전에 태어났다면, 더욱 그렇다. 자식을 방임하는 부모는 대부분 사회적으로 고립되어있다. 그 부모들은 쉽게 우울해지고, 기분대로 행동하며, 자존감도 낮고, 공감하는 능력도 떨어지며, 스트레스를 많이 받는다.

자식을 방임하는 부모는 대체로 아이와 잘 소통하지 않으며, 소통하더라도 긍정적으로 소통할 때가 드물다. 이런 부모는 아이에게 자주 명령하며 말로 위협한다. 이들은 자식에게 별로 애정을 드러내지 않고, 따뜻하게 대하지도 않으며, 같이 놀아주지도 않는다. 아이를 방임하는 부모라도 가정 바깥에서는 대체로 아이를 위협하지 않는다.

자식을 방임하는 가족을 돕는 일은 무척 어렵다. 이런 가족은 하루아침에 바뀌지도 않는다. 방임은 빈곤처럼 세대를 이어가며 전파되고 한 가족의 분위기가 되어버린다. 물질적으로 이런 가족을 돕는 것은 좋지만 충분하지 않다. 물론 이런 가족에게 음식과 거주지, 보육이 필요하다. 그러나, 이들에게 친구와 훌륭한 모범이 필요하다. 이들은 교육과 취업, 주택마련, 의료서비스, 예산세우기 같은 영역에서 도움이 필요하다. 이런 가족 가운데 약물남용과 정신건강, 가정폭력 문제로 씨름하는 가족이 많다.

당신이 이런 부모와 만난다면, 당신은 어떻게 대응하겠는가? 우리는 아동방임을 어떻게 예방할 수 있을까? 미국에서 일어나는 학대와 방임사건 가운데 절반 이상이 방임이며, 캐나다에서는 방임이 삼분의 일에 육박한다.

아동방임의 장단기 효과는 크다. 우리는 신앙공동체로서 있는 힘을 다해 빈곤과 사회적 고립에 맞서 싸워야 한다. 그렇게 할 때, 우리는 이런 가족의 아이들을 보호할 수 있다.

이것은 미국과 캐나다가 맞닥뜨린 복잡하고 거대한 문제이자, 북미에 있는 신앙공동체가 부닥친 문제이기도 하다. 우리는 이 문제에 결연히 맞서야한다. 우리는 아이를 방임하는 부모에게 다가가 도움을 주고 정죄하지 말아야 한다. 말하자면, 부모의 자존감과 결정권을 존중하면서도 가장 상처받기 쉬운 존재인 아이들을 보호해야한다.

아동신체학대의 가해자가 가진 특성

온갖 종류의 학대와 방임의 가해자가 다양하듯, 아동신체학대의 가해자도 무척 다양하다. 신체학대의 가해자는 대체로 젊다. 이들은 보통 십대일 때, 첫 아이를 낳는다. 미국에서는 여성 가해자가 남성 가해자보다 조금 더 많다. 여성 가해자 56%, 남성 가해자 43% 여자가 남자보다 아이를 돌보는데 더 많은 시간을 쓰기 때문에 그런 것 같다.

　신체학대자 중에 생물학적 부모의 비율은 85%다. 편부모와 사는 아이는 양부모와 사는 아이보다 훨씬 신체학대를 당하기 쉽다. 피해자 중에 한부모와 사는 아이의 비율은 63%다. 아마 빈곤과 스트레스 때문일텐데, 한부모 가족이 주로 이런 문제와 얽혀있다. 2007년 캐나다에 접수된 가족관련 폭행 신고 가운데 71%는 남자가 폭력을 휘두른 경우였다. 44%는 아버지가, 13%는 형제가, 10%는 확대가족에 속한 남성이 폭력을 휘둘렀다.[4]

　아마 당신도 짐작했겠지만, 신체학대를 저지르는 사람은 대체로 분노를 조절하면서 살아야했던 사람들이다. 그는 적대적이며 좌절을 잘 참아내지 못한다. 우울하고 자존감도 낮으며 약물을 남용한다. 공감능력도 떨어지며 문제해결기술도 부족하다. 고지식할 때도 있다. 일반적으로 그는 불안과 스트레스를 많이 겪고 고뇌하면서 지낸다. 가족과 친구에게서 쉽게 고립되며, 배우자와 다투고, 가족과 소통할 때도 부정적으로 행동한다. 신체학대를 저지르는 부모는 자식을 나쁘게 보면서도 황당한 기대를 품는다. 자식과 소통하는 시간이 적고, 소통할 때도, 명령하고 비판하며 조종하려 한다.

　이런 특성을 가진 사람을 아는가? 어쩌면 당신이나 배우자가 이런 특성을 가지고 있을지 모른다. 아동발달과, 다툼을 처리하고 분노를 조절하며 문제를 푸는 기술을 배우는 것도 이런 사람에게 유익할 것이다. 우리는 이런 특성을 가진 가족의 스트레스를 덜어줄 수 있다.

　신체학대를 당하는 아이는 늘 두려워하며 살아간다. 이 아이는 목숨을 잃을만큼의 폭행에 자주 노출된다. 수상한 멍과 긁힌 자국이 보이고, 집에 가는 것을 무척 싫어하거나 싫다는 기색을 보일 때, 머뭇거리고 망설이다 집에서 학대를 당한다고 털어놓을 때, 우리는 반드시 대응을 해야한다. 우리는 의심되는 부분을 관계당국에 신고하고 기꺼이 협조해야한다.

아동정서학대의 가해자 특징

다른 학대나 방임과 비교할 때 우리는 정서학대의 가해자를 잘 모르지만, 정서학대는 아이에게 치명적이며 다른 학대와 방임을 자주 동반한다는 것을 안다. 정서학대의 가해자 가운데 부모가 가장 많다. 이것은 다른 학대나 방임과 비슷하다. 이 부모들은 살아가는 삶의 영역에서 자주 스트레스를 받으며 사회적으로 고립되어 있고, 사람을 사귀는 일도 어려워하며, 문제해결의 기술도 형편없다. 다른 학대와 다른 점이라면, 정서학대의 가해자 가운데 다수가 백인이라는 사실이다.

아동정서학대의 가해자에 대한 정보는 별로 없다. 하지만 많은 사람이 바로 정서학대와 씨름할 것이다. 아이의 감수성과 구체적 인지능력을 인정한다면, 우리가 말한 정서학대는 아이에게 정말 상처가 된다는 것을 깨닫게 될 것이다.

슈퍼마켓이나 공공장소에서 아이에게 소리치는 부모를 본다면, 우리는 부모의 주의를 다른 곳으로 돌리는, 기발한 방법을 찾아야한다. 그러면서도 아이가 더 곤란해지거나 우리 자신이 해를 입지 않아야 한다.

상황과 처지를 이해하며 공감한다는 것을 보여주면, 경직된 상황을 풀어줄 수 있다. 하지만 정서학대는 집이나 공공장소가 아닌 곳에서 일어나기 쉽다. 우리는 아이의 편에서 개입할 수 있는 다른 방법을 찾아야한다.

아동 성학대 가해자의 특성

여러 가해자가 있지만 아동성학대자가 아마 우리를 가장 놀라게 하는 사람일 것이다. 아동성학대자는 가정뿐만 아니라 여러 장소에서 아이를 먹잇감으로 삼는다. 교회도 가해자가 아이에게 접근할 수 있는, 아주 용이한 장소가 될 때가 많다. 교회의 크기나 위치와 상관없이 우리는 가해자가 아이에게 쉽게 접근하도록 무심코 허용한다.

아동성학대자는 아이와 가족이 아는 사람이며, 집 밖에서도 아이에게 접근한다. 집과 자가용, 놀이터, 야영지, 그리고 교회 지하실과 주일학교 교실, 청소년모임장소가 모두 아동성학대자가 접근할 수 있는 장소이다. 우리는 교회의 상황을 유심히 점검하면서, 아동성학대가 이루어질 수 있는 곳인지 따져보아야한다. 교회건물과 교회운영규칙, 신념까지 꼼꼼히 점검해야한다. 우리는 교회 프로그램까지 검토해야 한다. 특히 비공식적이거나 임시로 진행되는 프로그램을 점검해야한다. 이런 프로그램이 우리 아이들을 학대에 쉽게 노출하는지 따져봐야한다.

아이와 가족이 모르는 아동성학대자도 때때로 있다. 큰 교회에 다니는 사람들은 문을 나서거나 복도를 지나갈 때 낯선 사람이 오가는지 제대로 인지하지 못하기도 한다. 그러나 큰 교회 신자들은 많은 자원을 가지며, 학대방지규약을 정하여 아이와 활동하는 모든 사람들의 신상배경을 점검하려는 경향이 더 강하다.

작은 교회의 신자들은 낯선 사람을 더 쉽게 알아볼 수 있다. 그러나 그들에게 사용할 수 있는 자원이 많지 않고 학대방지규약도 없을지 모른다. 그리고 작은 교회의 신자들은 신상을 조사한다는 생각에 대해 기겁을 한다.

우리는 신앙공동체에서 성적학대가 일어날 수 있음에 특히 주의하면서, 최선을 다해 아이를 보호해야 한다.

작은 교회의 신자들은 서로 가족처럼 지낼 때가 많다. 이것은 정말 좋은 일이긴 하나, 이런 분위기에서는 가해자가 다른 사람의 주목을 끌지 않고도 아이에게 접근할 수 있다.

성적 학대자는 여러모로 다른 학대자와 다르다. 첫째, 성 학대자는 대부분 남성이다.미국의 경우, 87%다 그러나 성적 학대를 저지르는 여성도 있다. 직접 아이를 먹잇감으로 삼거나 남자의 공범자로 행동하기도 한다. 대개 성 학대자는 아이가 아는 사람인데, 가족이나 친척이 성 학대자인 경우도 있다. 미국에서는 성 범죄의 거의 절반이 친구와 아는 사람, 가족의 친구이다. 예를 들어, 37%가 생물학적 부모이며, 23%가 양부모나 부모의 애인이다.[5]

성범죄는 나이에 따라 무척 다르게 나타난다. 십대는 전체 가해자의 40%를 차지한다. 성범죄자의 연령은 다양하다. 젊은 세대와 중년, 노년에도 성범죄자가 있다. 성범죄자는 대부분 어릴 때 성적 학대를 경험했고, 18세 이전에 일탈적 성적 관심을 가진다.

그러면, 우리는 아이를 어떻게 성범죄자에게서 안전하게 보호할 수 있을까? 물론 우리는 많은 일을 할 수 있다. 우리에게는 아이를 보호할 힘이 있다. 우리는 절대 무기력하지 않다.

무엇보다 먼저 우리는 성적 학대를 부인하지 말아야 한다. 성적 학대는 정말 일어난다. 사람을 의심하는 짓은 정말 불쾌하지만, 어떤 사람이 아이와 홀로 있게 될 때 우리는 신경을 곤두세워야 한다. 우리는 어른으로서 아이를 보호할 책무가 있다. 우리는 아이에게 성적 학대에 대해 가르치고, '안되요'라고 말하는 법을 알려줄 수 있다. 그리고 어른이 자기를 만지거나 어떤 것을 보여주면서 혼란스럽고 짜증나게 만들 때 우리에게 과감하게 신고하라고 말해줄 수 있다.

성범죄자는 무척 복잡하고 다양하게 다가오므로 아이가 부적절한 행동을 알아보고 적절하게 대응하기를 기대할 수 없다.

성범죄자는 아이에게 몸으로, 마음으로 가까이 다가려고 몇 년간 벼르기도 한다. 성범죄자는 네가 협조하지 않으면 나쁜 일이 벌어진다고 협박하기도 한다. 그는 아이에게 칭찬과 선물을 쏟아부으면서 아이에게 이런 믿음을 심어준다. 즉 아이 자신이 성적 관심을 받고 싶어하며 그를 필요로 한다는 것이다. 어른이자 부모이고 교회로서 우리는 성범죄자를 물리치는 사람이어야한다.

이렇게 행동할 때, 우리는 기독교인으로서 과연 성범죄자를 용서할 수 있는지 묻게 된다. 물론 용서할 수 있다. 그렇다고 해서 성범죄자가 아이에게 접근하도록 허용하자는 뜻은 아니다. 당신은 알코올중독을 이겨내고자 애쓰는 사람을 술집에서는 찾지 못할 것이다. 당신은 도박중독을 이겨내고자 애쓰는 사람을 도박장에서는 찾지 못할 것이다.

성범죄자도 마찬가지다. 그는 유혹할 수 있는 자리에 있으면 안된다. 특히 그가 집착하는 대상이 아이일 때 더욱 그렇다. 성범죄자가 일탈적/도착적 성 행위를 이겨내고자 애쓴다면, 우리가 아이를 멀리하도록 돕고, 충동을 견디기 어려운 상황을 피하도록 배려할 때 그는 우리를 반길 것이다. 우리는 성범죄를 저지른 사람에게 이렇게 말할 수 있겠다. "죄를 회개하고 하나님에게로 돌이켰음을 삶을 통해 증명하시오."마3:8

당신이나 당신의 교회는 지원과 책임 집단Circles of Support and Accountability:CoSA프로그램에 참여하거나 공동체 안에서 이 프로그램을 할 수 있겠다. CoSA 프로그램에서는 지역사회의 자원봉사자들이 성범죄 이력이 있는 사람에게 배정되어 그를 지원하고 지역사회의 안전을 보장하도록 돕는다. 이 프로그램의 주요 목표는 피해자를 줄이는 것이다. 이 책 끝 부분에 "유용한 단체 소개"란에 보면, 미국과 캐나다에서 이 프로그램에 대한 정보를 얻을 수 있는 곳이 나온다.

"예수님이라면 어떻게 했을까?" 이런 질문이 떠오를 수 있겠다. 예수님은 사람들의 행위를 용서하시고 올바른 행위를 요구하셨다. 모든 행동에는 결과가 따른다. 어떤 사람이 아이를 성적으로 학대한다면, 그에게 다시는 학대할 기회를 주지 말아야 한다.

아동 성범죄자를 대할 때, 교회의 마음은 완전히 반대되는 방향으로 갈라진다. 한편으로 죄인을 받아들이고 용서하고 싶고, 한편으로 아이를 보호하고 소중히 여기고 싶다. 아이를 지키려면 아이의 안전을 먼저 고려해야 한다. 성범죄자가 아이를 위험에 빠뜨리지 않으면서 예배에 참석하는 것도 나름대로 괜찮은 대안이다.

교회와 목사가 성범죄자를 대하는 법을 알려면, 교단의 지도자나 전문사역을 하는 목회자에게 문의해야 한다. 가해자가 예전에 저지른 범죄 때문에 치료를 받고 있다면, 교회는 치료담당자와 상담해보고 교회 아이들을 안전하게 보호할 수 있는 최선의 방법을 결정할 수 있다.

1. 아이를 참아주고 사랑하기가 특히 어려운 때는 언제인지 기술해보라. 그 때 당신에게 무엇이 필요할까?

2. 당신이 어떤 사람을 아동 성범죄자라고 생각할 때, 무엇을 보고 판단하는가?

3. 당신의 소모임에 나오는 한 부모가 자식을 방임한다면물리적으로 방임하거나, 지켜보지 않는다면 당신은 그 부모에게 무슨 말을 할 수 있을까? 당신은 실제로 무슨 말을 할 생각인가? 당신은 어떻게 대처하고 싶은가? 당신은 실제로 어떻게 행동할 생각인가?

  a. 이 부모가 아이를 신체적으로 학대한다면?
    b. 이 부모가 아이를 감정적으로 학대한다면?
    c. 이 부모가 아이를 성적으로 학대한다면?

4. 성적 학대는 왜 다른 학대보다 훨씬 끔찍하게 느껴진다고 생각하는가?

5. 교회는 각 가해자에게 어떻게 대응해야 할까?

6. 당신의 교회는 어떤 학대를 가장 시급하게 근절해야한다고 생각하는가?

실행과제

1. 집과 교회를 포함한 지역사회에 있는 성범죄자 명단을 찾아보라. 이런 사람들을 외면하지 않고, 오히려 이들의 주위에 있음을 확인하는 것이 중요하다.

2. 수입이 적은 가족과 아이를 돕는 지역 프로그램에 연락해보라. 이런 서비스를 알아보고 자원봉사를 할 수 있는지 문의해보자.

3. 분노를 다루는 건전한 방법들을 적어보라.

4. 포스터를 만들어, 아이가 스스로 무엇을 느꼈는지 알고 그것을 드러내게 하라. 혹은, 그런 포스터를 찾아보라. 교회에 나오는 가족과 이웃 가족에게 이 포스터를 나누어주라.

5. 복음서 가운데 하나를 읽으면서 예수가 죄를 지은 사람에게 어떻게 대응했는지 적어보라.

10장

지역사회에서 아동학대와 방임 몰아내기

네 이웃을 네 몸과 같이 사랑하여라. 마22:39

우리는 무력하지 않다. 우리는 신앙공동체로서 우리가 살고 일하는 지역사회에서 벌어지는 아동학대와 방임을 끝장내는, 여러 일을 할 수 있다. "가난한 사람과 고아를 변호해주고, 가련한 사람과 궁핍한 사람에게 공의를 베풀어라. 가난한 사람과 빈궁한 사람을 구해주어라. 그들을 악인의 손에서 구해주어라." 시82:3-4

우리는 무엇보다 학대가 있으며 우리 공동체에도 학대가 있음을 먼저 인정해야한다. 아동학대와 방임의 온갖 종류와, 가족과 아이에게 있는 위험요인과 보호요인을 알아보는 법을 배워야한다. 이렇게 머리로 인지했으면 손과 발을 움직여야한다. 크든지, 작든지, 행동해야한다. 아이에게 우리의 보호가 필요하다. 아이를 대신하여 말해주고, 아이의 이익을 위해 행동할 사람이 필요하다. 아이의 미래는 보존되고 회복되거나, 학대와 방임 때문에 망가질 수 있다. 당신이 바로 이런 변화를 만들어낼 수 있다.

최근에 내가 참석한 학회에서는 우리가 아이를 구하는 "일상의 영웅"이 될 수 있다는 용기를 심어주었다. 기조 연설을 맡은 발표자는 어릴 때 당한 무시무시한 성적 학대를 털어놓으면서도 우리에게 희망과 목적을 제시했다. 그녀는 자신을 보호해준 이웃집 노인 이야기를 했다.

이 노인은 그녀가 당한 학대를 중지할 수 없었지만, 하나님의 사랑을 행하고 이야기하면서, 그녀가 잘못해서 학대를 당한 것이 아님을 알려주고 자신을 보호할 방법을 가르쳐주며 무엇보다 이 힘든 상황을 딛고 일어나도록 도왔다.

아이와 친해지고 과자를 함께 만들면서 아이의 말을 들어주고 공원에서 공놀이를 하면서 따뜻한 마음을 보여준다면, 당신도 아이에게 상당한 영향을 줄 수 있다. 하여간 아이에게 믿을만한 사람이 있어야 한다. 부모가 그런 일을 할 수 없다면, 당신이 친구와 이웃, 교사, 코치가 되어줄 수 있다. 관계가 아이에게 주는 영향력을 우습게 봐서는 안된다. 우리는 달려가는 황소의 앞 길을 막지는 못할 것이다. 그러나 충격을 줄이고 상처를 싸매줄 수 있다. 학대를 당하는 곳에서 아이를 끄집어낼 수 있을지도 모른다. 아이는 모두 주목받고 사랑을 받으려고 한다. 당신도 아이에게 사랑을 줄 수 있다.

> 교회는 지역사회에서 아동학대를 근절하기위해
> 무엇을 할 수 있을까?
> ▶ 실제로 사용할 수 있는 자원을 제공한다.
> ▶ 구체적으로 관계를 맺고 관계를 통해 가족을 지원한다
> ▶ 지역사회의 일에 참여한다
> ▶ 학대와 방임을 신고한다

가족도 마찬가지다. 가족에게 일상의 영웅이 필요하다. 상황이 어려울 때 도움을 줄 사람이 필요하다. 가족은 우리의 정죄와 비난을 필요로 하지

않는다. 오히려 자신을 도와줄 손길을 필요로 한다. 도움을 받는 수혜자가 되지 않으려는 가족도 많을 것이다. 그러나 우리는 가족의 자존감을 존중하면서 적극적으로 행동하도록 용기를 북돋움으로써 그들을 도울 수 있다. 어떤 가족이든 나름대로 장점을 가지고 있다. 우리는 이런 장점을 이용하여 그들이 어려움을 딛고 일어나도록 도와야한다.

실제로 사용할 수 있는 자원을 제공한다

 신앙공동체를 이룬 우리는 공동체에 속한 가족에게 실제로 보탬이 되는 자원을 제공하여 방임을 상당히 줄일 수 있다. 식료품과 옷을 나누는 사역과, 가전제품과 가정에 필요한 물품을 제공하거나 대여, 보육, 의료, 치과서비스를 통해 빈곤한 가정이 아이를 방임하지 않도록 도울 수 있다.

잔치 비유처럼 우리는 "어서 시내의 거리와 골목으로 나가서, 가난한 사람들과 지체에 장애가 있는 사람들과 눈먼 사람들과 다리 저는 사람들을 이리로 데려 올 수 있다."눅14:21 우리는 성서에 나온 많은 사례를 따를 수 있다. 성서에는 가난한 자를 마음껏 도운 이야기가 나온다. 그리스어로 도르가인 다비다는 "착한 일과 구제사업을 많이 하는 사람이었다."행9:36 고넬료는 가난한 자를 물질적으로 도왔다.행10:4절 바울도 똑같이 도움을 줬다.행24:17 마케도니아와 아가야 사람들도 가난한 자를 위해 구제금을 모았다.롬15:25-28

지역사회단체들은 신앙공동체의 도움을 받아 가족에게 요긴한 자원을 주려고 한다. 가난한 사람을 위해 음식을 나누는, 여러 단체들은 최근에 지원이 끊겨 문을 닫아야 했다. 문을 여는 시간을 줄이고 지원대상의 폭도 좁힌 단체도 있다. 당신은 이 단체들에서 하는 활동은 아동학대예방활동이 아니라고 생각할 수 있지만, 가족을 직접 만나는 단체의 활동가는 정말 아동학대예방을 하고 있다. 그들은 당신의 너그러움과 봉사를 고마워할 것이다.

옷과 음식을 나누는 일에서 교회가 맡은 역할은 중요하다. 이것을 대충 말하고 지나가선 안된다. 가난한 가족이 실제로 도움이 되는 자원을 얻는 일이 점점 어려워지고 있다. 실업률이 높아지고 식료품과 집값, 의료비, 보육비가 고층빌딩처럼 치솟자, 기초생활을 돕는 서비스를 필요로 하는 가족이 점점 많아진다. 임금으로는 이런 비용을 감당하기가 어려운 가족이 많다. 특히 아이의 필요를 채워야 할 때, 더욱 그렇다. 아이는 식욕도 왕성하고 옷과 신발도 금방 바꿔야할만큼 빨리 자라기도 한다.

푸드뱅크나 중고 옷가게를 운영하려면, 여러 신자들이 가진 기술이 필요하다.

일단 자원봉사자가 일하면, 이 서비스나 가게를 무척 저렴한 재정으로 운영할 수 있다. 교회 구성원 가운데, 취업에 관심이 없거나 취업할 수 없는 분들이 있는데, 이들은 한 주에 몇 시간 푸드뱅크에 나와서 선반에 물건을 쌓거나 중고 옷가게에서 물건 값을 계산하는 일을 흔쾌히 하려고 한다. 이런 봉사가 가족의 결속을 다지고 아이를 보호하는 일에 한 몫 한다는 것을 가볍게 여겨서는 안된다.

우리가 직접 이런 서비스나 가게를 운영할 수 있다. 물론 이런 활동은 교회 크기와 사용가능한 자원에 따라 달라질 수 있다. 우리가 자원을 제공하고 다른 교회나 기존 단체와 협력하는 방법도 있다. 우리는 이들과 협력하여 기존 프로그램을 더욱 다지고 도움이 필요한 가족이 프로그램을 더 쉽게 이용하도록 도울 수 있다. 서비스의 이용가능한 정도를 판단할 때, 위치와 시간, 시설을 고려한다. 우리가 제공하려는 서비스는 안전한 장소에 있어야 하고, 차나 버스를 타고 갈 수 있는 곳에 있어야 한다. 부모들이 일하면서도 이용할 수 있는 시간에 서비스를 제공해야한다. 시설은 깨끗하고 안전하며 모든 사람이 이용할 수 있어야한다. 신체장애가 있는 사람도 이용할 수 있어야 한다. 서류를 작성하고 서비스를 제공할 때도, 가족이 구사하는 언어가 사용되어야한다.

우리는 가족의 자존감을 보존하는 방법도 알아야한다. 우리는 수입이 적은 가족도 크리스마스 선물이나 생일선물 같은 작은 물건에는 값을 지불할 수 있도록 배려할 수 있다. 적어도 그들이 어떻게 받을지 선택할 수 있도록 여러 방법을 마련할 수 있다. 그리고, 더 많은 사람이 도움을 받도록 가족들에게 자원봉사를 권유할 수 있다.

생필품을 제공하는 서비스는 아동을 방임하기 쉬운 가족을 도우려고 기획되었지만, 온갖 학대와 씨름하는 가족과 빈곤에 갇혀 버린 가족이 결속을 다지는데 도움이 된다. 여러 교회가 비슷한 프로그램들을 이미 돕고 있다. 이런 서비스가 아이를 보호하는 일에 도움이 된다는 것을 깨닫는다면, 이런 사역에 쓰이는 힘과 자원이 늘어날 것이다.

구체적으로 관계를 맺고 관계를 통해 지원한다

고립은 온갖 아동학대와 방임을 유발할 수 있는, 가장 큰 위험요인이다. 가족이 함께 거주할 장소를 공식적으로, 비공식적으로 지원받지 못한다면, 그 가족은 곧 흩어지고 힘든 때가 닥칠 것이다.

당신은 다음 상황이 상상이 가는가? 이야기하고 싶은데 전화할 친구가 없다면, 일하러 가야 하는데 아이를 잠시 맡아줄 사람이 없다면, 취업을 해서 기쁜데 함께 외출할 사람이 없다면, 당신은 어떻게 하겠는가? 마태복음 26장 28절에 나오는 겟세마네에서 기도하는 예수처럼 우리는 다른 사람과 함께 있고자 하고 타인에게 도움을 받기 원한다. 특히 우리가 힘든 시간을 보내고 있을 때에 그렇다. 교회 구성원들이 기꺼이 봉사활동에 참여해 이웃과 관계를 맺고자 한다면, 교회는 이웃을 얼마든지 정서적으로 지지할 수 있다.

위험요인을 가진 여러 가족들은 모범이 될만한 친구에게서 도움을 받을 수 있다. 신경쓰고 하소연을 들어주는 사람은 그들에게 도움이 될 것이다. 조사결과를 보면, 한 사람이 위험요인이 있는 가족을 찾아가 관계를 맺을 때, 이 가족에게서 학대가 일어날 가망성이 상당히 줄었다. 저임금을 받는, 어린 싱글맘이 처음 아이를 낳았을 때, 이런 방법은 특히 효과가 있다.

지역사회와 정부기관은 가정방문과 멘토 프로그램을 제공하려고 한다. 그러나 지자체와 정부기관이 실제로 정책을 집행할 때, 정작 이런 프로그램에 대한 재정은 삭감되고 이미 제도권 안에 들어와 있는 가족에게 재정이 쓰인다. 이 가족들은 이미 자식을 학대했기 때문에 제도권의 지도를 받고 있다. 교회는 병원이나 주간 보호보육서비스와 협력하여, 아이를 처음 낳은 가족들을 돕는 일에 상당히 기여할 수 있다. 처음 부모가 된 후 몇 달이나 몇 년이 무척 중요하다. 교회는 이 시기에 도움을 줄 수 있다. 학교에 들어간 아이와 들어가지 않은 아이가 모두 있는 가족은 멘토나 정기적으로 가정을 방문하는 사람이 도움이 될 것이다. 당신이 공식적으로 방문하든, 비공식적으로 하든, 가족을 판단하지 않고 진심으로 대해줄 때, 당신은 그들에게 영향을 줄 수 있다.

교회는 대부분 교인들만 돕는다. 물론 봉사하는 범위에 따라 다르겠지만, 많은 교회가 조금은 고립되어 있다. 자기가 계획한 활동을 하고 자기 문제를 푸느라 바쁘며, 예상 가능한 방식으로 안전하게 일을 처리한다.

가족 지원서비스를 제공하는 단체에 물어본 적이 있다. 이 단체들은 학대가 발생할 위험이 있는 가족을 한 가족씩 맡아서 봉사하고 있었다. 이들은 자신들이 보살피는 가족 가운데 교회와 연결된 가족은 극히 드물다고 말했다.

교회는 교인들의 자식과 가족을 보호하는 법을 배울 수 있다. 그렇다면, 교회에 나오지 않거나 나오지 않으려는 아이와 가족은 어떻게 되는가? 우리도 이제 이 문제를 똑바로 바라보자. 문제가 있는 가족을 교회로 불러들이는 것은 거북할 수 있다. 그것은 조금은 거슬리는 일이기도 하다. 그 가족 때문에 우리는 상황을 새롭게 봐야할지도 모른다. 우리에게 낯설고 편하지 않은 방식으로 봉사를 해야할지도 모른다.

학대나 방임을 체험했거나 그것을 당할 수 있는 상황에 있는 아이들은 우리의 규칙에 따를 수 없을 것이다. 이들은 분명 어린이 예배나 전체 예배시간에도 조용히 앉아있지 못할 것이다. 당신의 교회는 이런 아이를 환대할 준비가 되어 있는가? 예수도 이런 아이를 사랑할까? 하여간 이 아이들을 돌볼 사람이 있을 거라고 막연하게 기대해도 되는가? 저 거리에 있는 교회가, 학교가, 소년원이 이들을 돌볼 거라고 막연하게 기대하는 것이 과연 옳은가?

당신이 가족을 소중하게 여기고, 부모와 아이를 모두 소중하게 여긴다면, 아이의 부모도 환대해야 한다. 이 부모들도 당신의 교회에 선사할 놀라운 은사를 가지고 있을 것이다. 그러나 이들이 힘든 상황에 있다면, 은사는 정신건강문제와 중독, 형편없는 결정, 예측불가능성에 가려 보이지 않을 것이다. 당신은 곁에서 그들의 이야기를 듣고 어려운 시기를 통과하도록 도우며, 하나님이 그들에게 원하시는 모습으로 바뀌도록 이끌겠는가? 당신은 기꺼이 그들에게 그리스도가 되겠는가?

나와 면담한 가족지원단체는 대부분 위기에 빠진 가족을 위해 교회에 도움을 요청할 마음은 거의 없었다. 물론 이런 단체들은 그들의 요청에 귀기울이고 가족을 기꺼이 도우려는 교회가 있다는 것도 안다. 이들이 목사를 잘 알고 교회가 가족을 도우려고 한다면, 분명히 교회에 연락해보라고 가족에게 권할 것이다. 그러나 이 단체들은 일부 교회가 위계질서가 있는 가족을 못마땅하게 여기면서도 그냥 받아 준다는 것을 안다. 이들은 교회가 어떤 가족들을 정죄하면서 개종시키려한다고 걱정한다. 이들이 쓰는 말대로 하면, 이것은 강압적이고 무시하는 행동이다.

도움을 받는 가족이 예전에 교회를 다녔다거나 교회에 관심이 있다고 한다면, 전문가도 대부분 교회에 도움을 요청해보라고 가족에게 권할 것이다. 그러나 가족이나 개인이 교회에 대해 어떤 말도 하지 않는다면, 아마 전문가도 가족에게 교회를 권하지 않을 것이다. 다행히, 가족의 종교성향을 묻는 질문을 담은 점검양식을 사용하는 지역사회프로그램들이 많아지고 있다. 교회와 지역단체의 전문가가 협력할 수 있는 기회도 그만큼 넓어진다.

지역사회와 인연을 맺기

 지역사회에서 일하는 가족지원단체는 당신의 기부 뿐만 아니라 시간과 지식, 기술까지 필요로 한다. 당신도 일주일에 하룻밤이나 한달에 한번 토요일에 지역사회 프로그램에 나가서 봉사를 할 수 있을 것이다. 당신은 마케팅이나 재정관리를 잘 알기 때문에 단체의 운영위원에게 도움을 줄 수도 있다. 당신은 아이의 멘토나, 집이 없는 가족이나 난민 가족을 돕는 사람이 될 수 있다. 당신은 전화를 받거나 선반을 쌓는 일을 할 수 있다. 당신이 아이들에게 책을 읽어주고 도서관에서 일하며 학예회를 계획하는데 한 두 시간 쓰는 것을 학교는 대부분 반길 것이다.

할 일은 많다. 우리는 어디서 시작할까? 모든 것을 할 수 없다. 그렇다.

개인이든 교회든 이런 모든 일을 할 수 없다. 그러나 우리는 하나씩 할 수는 있다. 망설이다가 아무 일도 못하거나 과제가 너무 많아서 엄두를 못내는 일이 있어서는 안된다. 작은 일에서 시작하고, 할 수 있는 일을 하며, 가장 잘 하는 일을 하면 된다. 하나님은 신앙을 바탕으로 소유물을 다루라고 우리에게 요청하신다. 하나님은 생각보다 당신에게 많은 것을 맡기셨을지 모른다. 당신이 얼마나 많은 일을 할 수 있는지 예측하거나 잴 수 없으며, 접촉하는 사람을 모두 알 수도 없다. 한 아이의 삶에, 한 가족의 삶에 긍정적 영향을 주는 것이 중요하다. 그렇지 않은가?

당신 자신도 변하고 열정도 변하고 아예 삶의 방향까지 변할 수 있다. 젊었을 때 나는 비서였다. 솔직히 말해 나는 꽤 괜찮은 비서였다. 그러나 학대받은 아이들을 위한 지역 프로그램에서 자원봉사를 하면서 지금보다 더 큰 일을 할 수 있겠다는 생각이 들었다.

나와 남편은 매주 목요일 저녁에 아이를 위한 쉼터에 나갔다. 여기에 6살부터 12살되는 여자아이들이 있었는데, 우리는 숙제를 도와주고 놀이터에서 함께 놀며 저녁일과를 마무리하도록 도왔다. 나와 남편은 이 여자아이들에게 곧 애착을 느꼈고 이들을 위해 더 많은 것을 하고 싶었다. 아이들이 부모와 함께 외출하지 못할 때, 우리는 공식적으로 허가를 받고 아이들을 우리 집에 데려올 수 있었다. 우리는 특별히 우리 마음에 다가온 두 명의 여자아이들을 위해 수양가족이 되었다.

나와 남편은 이 아이들과 함께 지내면서 완전히 바뀌었다. 그래서 나는 사회 복지사가 되려고 학교에 다시 입학했다. 지금 내 인생은 내가 전혀 상상하지 않았던 방식으로 돌아간다. 하나님이 이웃을 도우라고 보여주신 길 위에서 나는 행복하다. 지역사회 프로그램에서 자원봉사하면서 도움이 필요한 아이들과 관계를 맺는 모험을 한 것이 내 인생을 바꾸어놓았다. 지금도 나는 많은 사람에게 도움을 주는 일상의 영웅이 되기를 기도한다.

지역사회단체나 학교에서 자원봉사할 시간이 없다해도, 단체나 학교를 방문하여 어떤 서비스를 하는지 누가 일하는지 알아보라고 말하고 싶다. 당신이 일단 이런 곳을 방문하여 상황을 파악한다면, 다른 사람이 이런 서비스를 사용하도록 훨씬 잘 도울 수 있을 것이다.

당신은 지원단체에서 일하는 분을 교회와 교실, 소모임에 초청할 수 있다. 이것도 상당히 효과있는 방법이다. 단체의 실무자는 정말 많은 정보를 당신과 공유할 수 있다. 우리가 지역단체를 알아보고 거기서 일하는 분을 알게 되면, 우리는 조금 더 효과적으로 그들과 협력할 수 있다.

아동학대와 방임을 신고하기

 아동학대와 방임이 일어난다고 추정될 때, 관계당국에 신고하는 것도 아동학대를 끝장내는 중요한 단계이다. 미국에서는 아동보호국이나 경찰에 신고한다. 캐나다에서는 지역 아동보호국에 연락해, 아동보호국에 신고할지 경찰에 신고할지 결정한다. 캐나다 원주민이 사는 지역에서는 학대로 추정되는 행위를 원주민아동가족보호부First Nations Child and Family Service Agencies에 신고한다. 당신은 이렇게 물을지 모르겠다. 학대신고가 아동학대와 방임을 예방하는데 얼마나 도움이 될까요? 아동보호국 가 추구하는 목적은 아이를 안전하게 보호하고 가족의 결속을 다지는 것이다. 경찰도 공공의 안전을 보장하려고 애쓴다.

우리는 아동보호국 가 아이를 가정에서 빼내오는 일을 한다고 생각하기 쉽다. 물론 실제로 우리는 신문에서 이런 기사를 자주 읽는다. 이것은 아동보호국 의 역할 가운데 안타까운 측면이다. 그러나 아동보호국은 가족과 가정을 아이에게 안전한 장소로 만드는데 무척 많은 일을 한다. 예를

들어, 아동보호국은 학대가 의심되는 곳을 조사하고, 가족에게 부모교육과 상담가를 소개하며, 실제로 사용가능한 자원이 어디에 있는지 알려준다. 하지만 아이를 보호할 책무를 아동보호국만 지는 것은 아니다. 우리에게도 책임이 있다. 아동보호국은 세금을 사용하여 시간과 에너지, 전문지식을 하나로 모아 지원사업을 전개한다. 그러나 아동보호국은 우리없이 홀로 이런 일을 할 수 없다. 우리도 아동보호국 없이 아동보호를 할 수 없다.

아동보호국은 지역 경찰과 법원과 협력하여 일한다. 일단 가해자로 지목된 사람이 부모나 양육자일 때는 아동보호국가 대응한다. 일단 당신의 거주지에 따라 달라지겠지만, 가족이 아닌 사람과 친구, 낯선 자가 가해자로 지목될 때, 경찰이 신고에 대응한다. 경찰과 법원 같은 법 기관은 아이를 가정에서 빼내고 체포를 하며 기소를 할 때 관여할 것이다.

아동보호국와 경찰이 학대와 방임 신고에 함께 대응할 때도 있다. 이것은 지역사회의 크기에 따라 달라진다. 당신은 아동보호국나 경찰에 신고할 수 있다. 두 기관은 필요할 때는 서로 정보를 주고 받을 것이다.

신앙공동체로서 우리는 아동보호국이나 경찰 같은 기관과 함께 일하는 것을 때때로 꺼린다. 학대를 감추면서 혼자 처리할 수 있다고 생각하는 교회에 대해 너무 자주 듣는다. 교회가 이런 태도를 취할수록 결국 아이는 도움을 받지 못한 채 학대를 당하고, 가해자로 지목된 자는 아이를 더 심하게 괴롭힌다. 신고된 학대나 방임을 조사하고 가해자의 폭력을 막는 일의 경우, 우리는 그런 일을 하도록 훈련받지 않았고 오랫동안 준비하지도 않았다. 진상을 조사하는 작업은 모두 관계기관에 맡겨야한다. 학대를 조사하는 작업은 엄청나게 복잡하다.

신앙공동체인 우리는 가족/아동지원단체와 손을 잡고 아동학대와 방임을 막아야 한다. 어떤 단체도 이 일을 홀로 할 수 없다. 우리는 협력해야한다. 이런 사실을 고려할 때, 우리는 아동보호국 직원과 경찰 가운데 신앙 공동체에 속한 사람이 많으며 이들이 아이를 보호하려는 열망으로 이 직업을 선택했다고 이해할 수 있다.

아이가 학대받는다고 추정될 때 우리는 신고할 수 있다. 신고도 아동학대와 방임을 끝장내는데 도움이 된다. 우리의 신고 때문에 학대가 반복되는 과정이 중단되고 학대상황이 뒤집어질 수 있기 때문이다. 학대가 일어났다고 추정되는 상황을 신고할 때, 우리는 아이를 장단기간 보호할 수 있으며, 가해자가 치료를 받고 아이를 더는 괴롭히지 않게 할 수도 있다.

관계당국에 학대를 신고하는 것은 법이기도 하다. 미국의 거의 모든 주와, 캐나다의 주와 준주에서 모든 성인은 아동학대로 추정되는 행위를 신고해야할 의무가 있다. 이런 의무가 없는 주는 전문가가 신고해야 하며, 다른 사람도 신고하라고 권한다. 목사와 신부도 전문가에 속한다. 학대가 맞다고 100% 확신하지 못해도 신고할 수 있다. 합당한 의심을 품는 것으로 충분하다.

아동지원센터는 여러 지역에 있다. 이 곳에는 전문가가 상주하고, 사건을 조사하고, 관리하며, 의료지원을 하고, 치료와 법률 서비스도 제공한다. 아동지원센터는 아이를 위해 이런 모든 서비스를 제공하는 곳이다. 아동지원센터는 학대와 방임을 당한 아이가 더는 피해를 입지 않게 하려는 정책으로 보인다.

아이에게 자신이 당한 사건을 말해보라고 계속 요구할 때, 그것도 잘 알지도 못하는 사람에게 말해보라고 요구한다면, 아이는 말을 바꿀 것이다. 이런 상황에서 아이는 한번 더 피해자가 된다.

아동지원센터를 이용하면, 아이는 노련한 면접관에게 질문을 받을 수 있다. 그는 법적 요구사항을 따르면서 아이와 이야기할 수 있게 훈련된 사람이다. 예를 들어, 아이가 "아빠가 자기 오줌을 내 오줌에 넣었어"라고 말할 때, 노련한 면접관은 아이가 분명히 성적 학대를 이야기하는건지 아이와 아빠가 물을 내리지 않고 같은 변기에 오줌을 누는 장면을 이야기하는건지 분간할 줄 안다.

아동보호국이나 경찰에 신고할 때, 정보를 되도록 많이 준비해야한다. 이 기관들은 아이의 이름과 성별, 나이, 생년월일을 묻고 아이가 어디에 기거하면 좋을지 알려고 할 것이다. 이들은 가정과 학교, 보육시설에 문의할 것이다. 이들은 부모와 양육자, 형제와 자매에 대해서도 똑같은 정보를 얻으려 할 것이다. 하지만 당신이 이런 정보를 다 알지 못해도 신고할 수 있다.

신고할 때는 세세한 정보까지 준비하라. 무엇을 보았는지, 들었는지 날짜와 자세한 상황까지 말할 준비를 하라. 아이의 다리 뒤에 벨트 자국을 보고 신고를 했다면, 당신은 벨트자국이 정확히 어디에 있으며, 무릎이나 허리에서 몇 cm 떨어져있는지, 자국의 길이는 얼마나 되고, 색깔은 무엇이며, 자국에 대한 아이의 증언까지 신고해야한다. 날짜와 정확한 상황까지 기록해두는 것이 좋다. 때때로 사소한 일은 별로 중요하지 않게 보이지만, 그것이 모였을 때 더 큰 그림이 나오기도 한다.

당신이 8살된 이웃집 여자아이인 신디를 신고했다고 해보자. 이 아이는 2주전에 당신 집에 왔는데, 당신은 아이가 조금 특이하게 걷는다는 것을 알았다. 아이에게 왜 그러냐고 묻자 신발안에 무엇이 있다고 대답했다. 5일이 지난 후에 신디의 아버지가 신디에게 고함치는 것을 들었다.

당신은 베란다로 나왔는데 신디의 아버지가 손에 벨트를 쥐고 있는 것을 보았다. 2주 후에 신디의 다리 뒤쪽에 붉은 색 벨트 자국이 5인치 정도 선명하게 나있었다. 벨트 자국은 무릎과 허리 중간 정도에 있었다. 무슨 일이냐고 물었더니 신디는 햇빛에 그을렸다고 답했다. 일단 벨트 자국에 대해서는 신고가 되어야한다. 당신은 신디를 처음 본 날부터 신디의 아버지가 고함치던 날까지 기록한 것을 증거로 제시해야한다.

아이에게서 정보를 캐내지 말아야 한다. 그냥 열린 질문을 하라. " 조금 더 말해볼래." 혹은 "내가 들어볼께" 정도로 질문하라. 네브라스카 오마하에 있는 아동보호센터인 프로젝트 하모니는 가장 기본이 되는 사실만 점검하는 면담을 개발했다. 이 면담에서는 다음과 같은 질문을 한다.

1. 무슨 일이 있었니?
2. 언제 그런 일학대이 있었니?
3. 누가 그랬니? 그 사람은 어른이니 아이니?
4. 그 사람은 너와 함께 살거나 너의 집에 머물고 있니?

아이가 당신과 이야기하고 자신이 원하는 대로 말하도록 놔두라. 조용하고 따뜻하게 아이에게 대답하라. 당신이 충격을 받은 사람처럼 반응하면, 아이는 자신이 잘못했다고 생각하면서 자신이 잘못해서 학대와 방임이 일어났다고 혼란스러워할지 모른다. 당신이 믿지 못하겠다는 듯이 대하면, 자신을 신뢰하지 않는다고 생각하여 입을 다물어버릴 수 있다. 아이는 자신이 당한 일을 다른 사람에게 말할만큼 용기를 내지 못할 수도 있다. 당신이 보고 들은 것을 세심하게 관찰하고 아이의 겉모습과 행동을 꼼꼼하게 기록하라. 아이에게 질문을 하면서 정보를 캐려고 나서지 마라. 자세한 조사작업은 관계기관에 맡겨라.

아이는 무슨 일이 있었는지 다른 사람에게 절대 말하지 말라고 당신에게 부탁할 수 있다. 이 때, 당신은 먼저 아이의 용기를 칭찬하고 아이가 사건을 털어놓는 것도 잘한 일이라고 말해주라. 아이가 당신에게 말한 것은 잘못한 일이 아니며 곤란한 상황에 빠지지도 않을 거라고 다시 한번 확인해주라. 이런 일이 다시 일어나지 않으려면 당신이 관계당국에 신고해야

한다고 다정하게 설명해주라. 어떻게 하면 안전하게 지낼 수 있는지 아이와 함께 생각해보라.

아이가 자신이 겪은 일을 자세히 설명할 때, 아이의 말과 행동은 앞 뒤가 맞지 않을 수 있다.

예를 들어, 아이는 어떻게 괴롭힘을 당했는지 말할 때 희죽거리기도 한다. 아니면, 아예 감정을 드러내지 않기도 한다. 그래도 아이가 당신에게 한 말을 진지하게 받아들여라. 특히 어린이는 괴롭힘을 당한 일에 대해서 좀처럼 거짓말하지 않는다.

아이가 스스로 안전하다고 믿도록 안심시킨 다음 (최대한) 빨리 관계기관에 신고하라. 신고를 미루면, 당신은 아이를 학대와 방임의 위험으로 다시 내몰 수 있다. 학대 때문에 생긴 상처도 아물어버릴 수 있다. 그리고 아이에게 치료가 필요한대도 치료를 거부하는 꼴이 된다.

아동보호국나 경찰이 학대가 일어났다고 확정하려면 증거가 있어야 한다. 아동학대와 방임 사건에서 증거로 인정되는 행위는 아이의 증언이다. (증언이 가능하다면, 증언은 증거로 인정된다.) 예를 들어, 몸에 난 흔적과 타인이 인정하는 증거, 아이 자신의 증언과 행동도 모두 증언에 속한다.

학대신고를 할 때, 당신의 이름과 연락처를 줄 필요는 없다. 법적으로 아동보호국나 경찰은 가족에게 당신 이름을 말할 수 없다. 단지 사건이 법정까지 가야 당신의 이름과 연락처가 필요할 것이다. 당신이 이름을 밝히면, 아동보호국나 경찰은 조사결과를 당신에게 알려주고, 필요한 정보를 더 물어볼 수 있다. 학대로 추정된 행위가 아동보호국나 경찰의 조사결과 학대가 아닌 것으로 밝혀진다면, 사건은 종결되고 당신은 신고자로서 법적 책임을 지지 않는다. 당신은 "충분히 신고할만하다고 믿었기에" 신고를 한 것이다. 부록 2를 보라

학대로 추정되는 행위를 아동보호국나 경찰에 신고하기꺼리는 사람도

있다. 이런 기관은 일을 제대로 처리하지 않으므로 신고에 응답하지 않거나 아이에게 도움을 주지 않는다고 믿기 때문이다. 때때로 아동보호국나 경찰이 사건을 제대로 처리하지 않기도 한다. 아동보호국나 경찰은 우리가 제시한, 제한된 증거에 발목이 잡힐 때가 많다. 혹은 우리의 기대에 부응할만큼 사건을 제대로 처리할 자원이 없을 때도 있다.

신앙공동체인 우리가 거시적 차원에서 일하는 것도 아동학대와 방임을 끝장내는 길이다. 입법을 하는 기관이나 의원에게 편지를 써서, 지역사회의 아이와 가족을 향해 우리가 품은 희망과 관심을 알릴 수 있다. 우리는 정치적 모임에 참석하여 입법자에게 우리의 관심사를 알림으로써 정책에 영향을 줄 수 있다.

학대와 방임으로 추정되는 행위를 신고하기

1. 아이의 안전을 가장 먼저 챙겨라

2. 당신이 학대라고 의심한 부분을 보고 들은 것까지 기록하라.

3. 교회안에서 일어났다면, (당신의 교회안에 조직된) 아동보호모임에 말하거나 지원이나 지도를 해줄 수 있는 분에게 말하라

4. 아래 항목을 재빨리 아동보호국나 경찰에 보고하라.
   a. 아이의 이름과 성별, 나이, 주소, 학교, 보육시설
      (당신이 이런 정보를 가지고 있다면, 보고하라.)
   b. 어떤 말이든, 아이가 한 말을 보고하라
   c. 아이의 가족과 주변환경 등, 아이에 대해 관찰한 것을 보고하라
   d. 당신이 (학대나 방임이라고) 의심하는 부분
   e. 당신의 이름과 전화번호 (이것은 선택사항이다.
      당신의 정보는 아이나 가족에게 전해지지 않을 것이다.)

5. 아이의 안전과, 이 일로 인해 영향을 받을 수 있는 아이의 안전까지 계속 주목하라

우리가 아무 것도 할 수 없는 것은 아니다. 우리는 가족과 지역사회에 있는 아이들을 지켜보고 이들의 말을 들어야 하며 이들을 대신하여 목소리를 내야한다. 성구을 기억하자. 배고픈 자에게 음식을 주고, 목마른 이에게 마실 것을 주며, 낯선 이를 가정으로 초대하고 벌거벗은 자에게 옷을 주며, 아픈 자를 돌보고, 감옥에 있는 자에게 면회를 갈 때, 이것이 주님 자신을 섬기는 일이 될 수 있다. 마25:34-46

함께 생각하기

1. 당신이 어릴 때, 일상생활에서 당신에게 도움을 준 사람은 누구인가? (당신에게 일상의 영웅은 누구였는가?) 그 사람은 무슨 일을 했는가? 이 일은 당신에게 어떤 영향을 주었는가?

2. 당신이나 당신 교회가 아이를 위해 실제로 어떤 일을 하고 있는가? 이 일이 아동학대를 예방하는데 기여하는가? 기여한다면, 어떻게 기여하는가?

3. 아동학대를 신고한 적이 있다면, 그 경험을 나누어보라. 그것은 당신에게 어떤 의미가 있었는가?

4. 아동학대나 방임이 일어나는 것 같다고 의심했지만 신고하지 않은 적이 있는가? 왜 신고하지 않았나?

5. 어떻게 하면 당신의 교회가 위험요인이 있는 교회에 더 효과적으로 더 실제적으로 접근할 수 있을까?

실행지침

1. 음식과 거주지, 임대나 시설지원, 보육, 교육, 직업훈련이 필요한 가족에게 소개해줄 수 있는 단체나 조직의 목록을 만들어라. 단체이름과 전화번호, 주소까지 넣어라. 이 목록을 사역자에게도 주라.

2. 지역 아동보호국 담당자나 경찰에 전화를 하여, 교회나 소모임에서 아동학대에 대해 강의해줄 사람을 초청하라.

3. 지역종합병원에 연락하여, 새로 부모가 된 사람에게 어떤 서비스를 해주는지 알아보라.

4. 이번 주에 이웃에 사는 사람을 만나거나, 그와 함께 담소를 나누어보라.

5. 지역사회에서 일하는 아동보호 단체나 조직의 필요를 교회에 알려라. 기부가 필요하거나 자원봉사가 필요할 수 있다.

6. 아동학대신고번호를 명함으로 만들거나 냉장고에 부착되는 병따개로 만들어서 교회나 소모임 회원에게 주라.

11장

당신의 교회에서 아동학대와 방임 몰아내기

아이들이 내게 오는 것을 허락하고 막지 말아라.
하나님 나라는 이런 사람들의 것이다. 막10:14

"저의 방침은 이렇습니다. 제가 재직하는 기간에는 교회안에 어떤 아이도 해를 입지 않게 할 겁니다. 한마디로 우리는 아이가 안전하다는 것을 확실히 해두려고 합니다." 한 목사님이 이렇게 믿음직한 말을 했는데, 교회 지도자 대부분의 희망과 결심도 이와 같다. 우리와 면담한 다른 목사님은 하루를 마무리하면서 누구도 자신이 한 말이나 행동 때문에 상처를 받지 않기를 기도한다고 말했다. 아이와 청소년을 가르치는 사람은 누구든 같은 기도를 할 것이다. 사무엘상 3장에 어린 사무엘을 보살피는 엘리 제사장이 나오는데, 우리도 엘리 제사장처럼 인내하며 잘 들어주고 아이를 사랑하면서 현명하게 지도하기 바란다.

우리는 교회에서 교우에게 해를 줄 마음은 전혀 없다. 그러나 솔직히 말해 우리에게 상처를 받는 사람이 있을 것이다. 정말 두려운 일이다. 그래서 우리는 되도록 상처를 적게 주기를, 상처를 주더라도 다시 회복되기를 기도한다. 아동학대와 방임으로 인한 해는 사소하지 않다. 상처는 남는다.

신체든, 감정이든, 상처가 깊을 때가 많다.

말이나 행동으로 상처를 줄 수 있는 사람이 있다면, 우리는 교회안에 있는 아이가 이런 사람에게 상처를 입지 않도록 보호해야한다.

그런네 우리는 가만히 있는 바람에 아이가 당할 수 있는 고통에서 교회안에 있는 아이를 보호해야한다. 이 문제는 특히 오늘날 우리교회에 필요한 태도이다.

많은 교회가 교회안에 있는 아이를 보호하는데 필요한 조치를 취하지 않는다. 이유가 무엇이든, 하여간 그렇다. 교회가 움직이지 않고 주목하지 않으면, 교회안에 있는 아이도 쉽게 상처를 받을 것이다. 교회가 일부러 가만히 있든, 아니든, 실제로 학대의 피해자가 되는 아이에게 그것은 중요하지 않다.

교회가 아이를 보호하려고 계획하지 않는다면, 아이가 받는 상처는 더 깊어진다. 말하자면, 가해자가 아이를 먼저 해하고 다시 교회가 피해를 주는 것이다. 가해자가 교회에서 좋은 위치에 있도록 놔두면서 피해자 아이의 말은 믿지 않은 채 모든 교인이 용서와 화해를 하자고 말한다면, 이것은 아이를 두 번 죽이는 일이며 상처가 아물도록 배려하는 것이 아니라 곪아터지게 놔두는 짓이다.

한 목사는 이렇게 말했다. "해야 할 일은 무척 다양합니다. 그러나 할 일을 미루면서 가만히 있는 것은 우리가 해야 할 일이 아니지요. 우리 아이들이 상처를 받았다고 인정하는 것이 저에게도 쉽지 않은 것 같습니다."

교회는 선한 일을 하려고 한다. 교회는 이 세상에서 치유하고 회복하는 하나님의 손길이 되고자 한다. 교회는 교회가 돌보는 아이들과 지역사회의 아이들을 보호하기위해 열심히 노력해야한다.

교회 지도자와 이야기를 나누면서 우리는 아이를 보호하는 문제에서 교회의 태도는 천차만별이라는 것을 알게 되었다. 아이를 보호하는데 앞장서는 교회가 있는가 하면, 그렇지 않은 교회도 있으며, 그 사이에 다양한 태도를 취하는 교회도 많다. 어떤 교회 지도자도 나에게 이렇게 말하지는 않았다. "우리 교회는 아동학대와 방임에서 아이를 보호하는 일을 우선적으로 하지 않습니다." 하지만, 교회 지도자의 말을 듣고 있으면, 아이의 안전을 가장 먼저 챙기지 않는다는 것을 은근히 느낄 수 있다. 예를 들어, 아동학대정책이 없으며, 아동학대로 추정되는 행위를 관계기관에 신고하지도 않을 것 같고, 아동학대의 징후를 잘 알아채지 못하는 교회가 있다. 이런 교회는 가족이 자기 문제를 처리할 권리를 먼저 고려하면서도 아이를 소중히 여기는 일을 소홀히 한다. 혹은 관계를 유지하고 회복하는 일에 신경쓰면서도 정작 교회의 책무를 방기해버린다.

일단 정보 자체가 없는 교회도 있다. 아동학대와 방임의 현실을 이런 교회에 알린다면 이 교회들도 행동하리라 믿는다. 피해를 당한 아이의 외침이 아이를 보호하게 만들려면, 이렇게 행동해야한다.

내가 면담을 한 교회들은 아동학대사건이 있었지만 신고하지 않았고 제대로 마무리하지 않았다고 시인했다. 이 교회들은 그냥 안주한다. 아이를 보호하려고 나서지 않으려는 교회들은 부모와 관계가 끊어질까봐 겁낸다. 결국 이런 교회는 다음과 같이 말한다. 가족이 화가 나 교회를 떠난다면, 교회가 그 가족을 어떻게 계속 도울 수 있겠는가? 나는 이렇게 대답하고 싶다. 아이가 상처를 입도록 놔두면서도 가족을 돕는다고 진심으로 말할 수 있는가?

아동보호단체와, 놀랍게도 목사까지 한 가지 문제에 대해 무척 걱정한다. 아동학대와 방임이 일어난다는 것을 부인하는 교회가 많다! 특히 자신의 교회에서 아동학대나 방임이 일어날 수 있다고 생각하지 않으려 한다. 안타깝게도, 교회나 공동체도 아동학대와 방임에서 완전히 벗어나있지 않다. 물론 정도와 비율의 차이는 있겠지만, 완전히 면제된 교회는 없다.

아동학대와 방임의 현실을 부인하려는 교회는 아이를 위험에 내몰고 가해자를 암암리에 품는 교회와 같다. 교회가 아동학대문제에 눈을 감을 때, 그것은 아이가 상처받도록 교회문을 활짝 열어두는 짓과 같다. 성 범죄자는 바로 그런 곳을 찾는다. 그는 아이에게 쉽게 다가갈 수 있고 규칙이나 규제를 준수하지 않아도 되는 장소를 찾는다.

일단 나는 교회마다 상황이 다르다는 것을 분명 인정한다. 교회 주변에 사는 사람들을 기반으로 한 교회는, 특히 도심지나 빈곤지역에 있는 교회는 많은 신자들이 온갖 가정폭력을 겪는다고 가장 먼저 인정한다. 이들은 가정폭력이 있음을 부인하지 않는다. 오히려 각 가정에 필요한 자원을 적절하게 배분하는 것이 이들이 풀어야 할 숙제다. 다른 신앙공동체와 협력하거나 지역사회의 구호단체와 가족을 연결하면, 이 문제를 조금은 풀 수 있다.

교회 지도자는 가족에게 책임을 묻고 권위있게 변화를 요구하는 것이 정말 어렵다고 말한다. 아동학대의 가해자를 발견하고 고발하는 일은 쉽지 않다. 가해자가 스스로 잘못을 시인하지도 않는다. 가해자는 대체로 잘못한 일이 없다고 부정한다. 학대의 증거가 아무리 강력해도 아랑곳하지 않는다. 가해자가 잘못을 시인하더라도, 그는 용서해달라고 재빨리 빌면서 그런 짓을 다시 하지 않겠다고 맹세할 것이다. 그러나 잘 알듯이, 가해자의 행동은 재빨리, 쉽게 바뀌지 않는다.

가해자의 말이 진심에서 우러나온 것처럼 들린다. 그러나 변화가 정말 일어나지 않고 힘겨운 재활과정을 통과하지 않았다면, 학대는 계속되고 아이도 계속 해를 입을 것이다. 교회는 가해자에게 제대로 책임을 물을만큼 훈련이 되어 있지 않다. 가해자가 정말 바뀌려면 전문가의 도움이 필요하다. 이렇게 되려면, 법원이 가해자에게 전문적 도움을 받으라고 명령을 해야한다.

아동학대로 추정되는 사건을 아동보호국나 경찰에 신고하지 않을 때, 아이가 학대받도록 내버려두게된다. 그러나 신고하지 않는 것은 위법이다. 신고하지 않으면 교회가 법적 책임을 질 수 있다.

우리가 면담한, 많은 교회는 하나님의 힘과 도움을 받으면 전문적 도움을 받지 않아도 가족을 건강하고 온전하게 이끌 수 있다고 믿었다. 말하자면, 이런 교회들은 자신들이 심장병을 고칠 수 있으며 의사의 치료나 약물 처방이 필요없다고 말하고 있는 것이다.

그렇다. 하나님은 전능하다. 하나님은 인간에게 신체와 감정의 질병이 보여주는 온갖 증상을 치료하는 기술을 주시기도 했다. 지역사회 전문가와 함께 일하지 않는 교회는 하나님이 일하시도록 허락하지 않는 교회다. 의사가 실수를 하듯이, 지역사회의 다른 전문가도 실수를 한다. 그렇다고 해서 그들에게 도움을 구할 수 없는 것은 아니다. 교회와 지역사회가 가족을 다시 일으키고 아이를 보호하는 일을 할 때, 하나님의 인도를 구해야 한다.

각 교파에서 아이의 안전을 위해 무엇을 하는가?

나는 학생과 함께 여러 교파의 교회를 면담했다. 대형교회에서 작은 교회까지 규모가 다른 교회들과, 도심교회에서 시골교회까지 소재지가 다른 교회를 면담했다. 아이를 잘 보호할 교회, 아이를 보호하는 일에 나설 교회는 찾을 수 없었다. 단지 어느 교파든, 잘 하는 교회가 있고 못하는 교회가 있었다.

어떤 교파든 교육자료와 정책, 절차를 제공하는 것이 중요하다고 인정했다. 이것은 분명히 좋은 흐름이다. 예를 들어, 오마하 대교구에서는 아동보호에 대한 강좌를 많이 제공한다. 오마하 대교구는 은총의 순환이란 교육과정을 만들어 아이에게 아동학대와 방임을 가르친다. 우리가 면담했던 오마하 대교구와 연결된 교구는 모두 아이를 보호하는데 신경쓴다.

가톨릭교회는 이미 성적 학대사건을 겪었고 엄청난 후폭풍이 밀어닥쳤기에 개신교보다 대체로 아동보호에서 앞서 있는 것 같다. 물론 가톨릭교회는 교육을 받고 지침을 따르는 것이 의무로 규정되어 있다. 그래서 가톨릭교회는 교육을 받고 지침을 따른다. 그래도 우리가 면담한, 비가톨릭 교회들보다 대부분 준비가 잘 되어 있는 것 같다.

크리스채너티 투데이에 따르면, 지난 3년간 세속 언론에 나온 기사 가운데 하루에 평균 23개는 미국 개신교에서 일어난 성범죄 혐의를 다루었다. 러브와 노리스는 2008년에 이렇게 말했다.

> 개신교단은 성적 학대를 "가톨릭 교회의 문제"라고 부르고 싶어한다. 일단 이것은 사실이 아니다. 지난 8년간, 수억 달러나 되는 돈이 개신교 교회를 상대로 한 재판과 판결, 합의에 쓰였는데, 이것은 모두 교회 프로그램에 참석한 아이들이 성적 학대혐의로 교회를 고소한 사건들이었다.[1]

여러 신앙 전통과 기독교 교파들은 성적 학대를 예방하고 아이를 보호해야 한다고 강조하는 선언과 결의안을 이미 냈다.

이들은 교육과 상담, 견본이 될만한 정책도 내놓았다. 부록 3을 보라

연합감리교회는 안전한 예배당 프로그램Safe Sanctuaries program을 만들어냈다. 연합감리교회의 경우, 교구 프로그램과 지역교회 프로그램은 "아이와 십대를 위한 안전한 예배당 프로그램 : 교회에서 학대의 위험을 줄이기"라는 지침서를 사용하여 아이를 안전하게 보호하고 환대하려고 한다.[2] 『목사를 위한 안전한 예배당 프로그램』이라는 책도 교회에 유익한 정보를

제공한다. 이 책을 보면, 교회 신자들 사이에서 학대가 일어날 가능성을 줄이기 위해 위험을 평가하고 절차를 실행하는 법을 알 수 있다.[3] 연합감리교회는 가해자 차단하기와 감독/감시하기, 신고절차, 대응요령까지 포함한 종합계획까지 내놓았다.[4]

미국의 개혁교회Christian Reformed Church는 우리에게 좋은 모범이다. 개혁교회는 학대방지국을 세웠다. 이 곳은 지금 안전한 교회사역부로 불리며 학대에 대한 의식을 일깨우고 학대를 예방하며 공정하고 효과적으로 대응하는 일을 한다.[5]

메노나이트 교회의 회중도 아이를 안전하게 지켜야한다는 사실을 분명하게 다짐하는 방향으로 움직이기 시작했다. 캐나다 메노나이트 교회도 "교회를 안전한 장소로 만들자고 회중에게 촉구한다. 즉 학대가 일어날 가능성을 예방하고 최대한 줄이자는 뜻이다. 캐나다 메노나이트 교회는 사역자에게 학대혐의를 뒤집어 씌우려는 짓도 방지하자"고 주장한다.[6] 메노나이트 교단은 메노나이트 회중에게 다음과 같은 사실을 알린다. 법원과 보험회사는 아동보호정책이 없는 것을 부주의한 행동방기하는 행동으로 간주하여 배상책임보험을 부과하려고 위협할 수 있다. 캐나다 메노나이트 교회가 발간한 "자원봉사자 검진 정책과 절차 지침서"에 따르면, "아이나 청소년에게 힘과 권위를 행사하는 직원이나 자원봉사자는 모두 아동학대 검진을 받아야한다."[7]

미국 메노나이트 교회는 1992년과 1997년에 결의문을 채택하면서, 아동학대의 참상을 밝히고 "개인과 회중, 교회 기구가 폭력없는 공동체를 만들기로 헌신하며 예수가 우리에게 맡긴 평화로운 삶이란 소명을 선포하고 보여주기로 결단했다."[8] 미국 메노나이트 교회 서부지구협회는 안전한 예배당 프로그램을 널리 보급하면서, 협회가 후원하는, 아이와 청소년을 위한 행사와 연중 계속되는 캠핑 프로그램에 사용할 아동보호정책을

개발했다.[9]

"아동기 컨설팅"에서도 유익한 자료를 얻을 수 있다. 이것은 프랑코니아 메노나이트 협회안에 있으며, 신앙공동체가 아동성학대에 대처하도록 훈련받을 때 사용할 지침과 창의적 자료를 제공한다.[10]

"너와 나의 보금자리"Dove' s Nest Collaborative는 메노나이트의 새로운 아동보호단체이다. 이 단체는 미국의 메노나이트 교회에 아동보호정책 견본을 제공하고 교육과 예배자료도 제공한다.[11]

메노나이트 중앙 협의회는 미국과 캐나다의 메노나이트 교회를 포함한 아나뱁티스트 교회의 전세계 사역기구로서 온갖 가정폭력을 예방하는데 필요한 자료를 제공한다.[12]

미국 메노나이트 교회의 현주소

최근에 '너와 나의 보금자리' 가 미국 메노나이트 교회를 대상으로 설문조사를 하여 현재 아동보호실태를 파악했다. 850개 메노나이트 교회 가운데 269개 교회가 설문에 응답했다.응답율: 32% 설문은 21개 영역으로 나뉘어 있고, 설문한 참여한 교회는 각 영역에 대해 적어도 답변을 하나는 했다. 응답자의 52%는 아동보호정책을 문서로 가지고 있다고 답했다. 44%는 아이가 학대나 방임을 당한다고 의심되면 보호정책문서를 작성하겠다고 대답했다. 22%는 아동보호문서가 있지만, 이미 드러난 성범죄이력이 있는 사람이 회중 가운데 있다고 응답했다.

아동안전 정책문서를 가진 미국 메노나이트 교회는 아직 많지 않은 것으로 보인다. 9%의 교회는 자신의 교회와 상관이 있는 아동학대나 방임 사건이 있는 것 같다고 말했다.

대체로 미국 메노나이트 교회는 직원이나 자원봉사자의 범죄이력이나 아동학대이력을 꼼꼼히 조사하지 않고 있다.

목사같이 임금을 받는 교회 일꾼을 고용할 때, 응답한 교회의 절반 이상 57%이 범죄이력을 조사한다고 말했다. 아동학대이력을 조사하는 응답자는 절반 이하45%였다. 반면, 아이나 청소년을 가르치거나 돌보는 자원봉사자를 뽑을 때, 범죄이력을 조사한 교회는 응답자의 삼분의 일 이하였고 32%, 아동학대이력을 조사한 교회는 사분의 일45%이었다.

설문조사에서 아이를 보호하고 가족의 결속을 다지는데 가장 유용한, 세 개의 일을 선택해보라고 응답자에게 물었다. 절반 이상이 아동보호정책 견본과 양육자료가 유용할 거라고 답했다. 55%는 아동보호정책 견본을 유용하다고 말했고, 54%는 양육자료가 유용하다고 답했다. 이 결과는 응답한 교회들이 교파의 지침과 성인 교육과정, 아동보호에 대한 더 많은 정보를 중요하게 여긴다는 것을 보여준다. 설문조사 전체 결과는 www.DovesNest.net 에서 볼 수 있다.

개혁교회도 2010년 2월에 비슷한 설문조사를 했다. 조사결과를 따르면, 개혁교회 1,022개 가운데, 아동안전정책을 가지고 있는 교회는 절반이 안 되었다. 목사들은 교회 사역자와 청소년이 적절한 관계를 맺는 법75%과, 학대 혐의에 대해 신고하는 법62%, 교회 사역자와 직원의 이력을 조사하는 법61%을 알고 싶다고 말했다.[13]

우리가 아동보호를 위해 할 수 있는 어마어마한 일

교회는 유아부터 노인까지 모든 교회 구성원에게 유익한 일을 할 수 있다. 교회는 이런 측면에서 독보적이다. 이모와 조부모 노릇을 하고 싶은 사람들은 새로 태어난 아이에게 홀딱 반하고, 아이의 부모는 무척 자랑스러워한다. 사랑스런 십대가 갓난 아기의 손을 잡고 방안을 돌아다닐 때 아이의 부모는 양육의 짐을 잠시 벗고 쉴 수 있다. 학교 다니는 아이들은 주일학교에서 함께 공부하고 놀이터에서 같이 논다. 여기서 평생가는 우정이 생긴다. 청소년은 모임과 성서공부, 봉사활동에 참여한다. 대학부와 청년부, 남여 전도회 ,가족, 노년층은 무척 다양한 모임에서 나름대로 목표를 세우고 활동할 수 있다.

이렇게 폭넓은 프로그램과 봉사활동기회를 그것도 공짜로 제공하는 조직이 교회말고 있는가? 비슷하게, 가족이 모두 참여할 수 있는 조직이 교회 말고 있는가? 교회에서 제공하는 교류의 기회는 가족이 보기에 매력이 있고, 다른 공동체 형식의 조직에게는 시기심을 불러일으킨다. 정신건강 서비스를 제공하는 조직은 교회처럼 가족과 늘 교류할 수 있기를 바란다. 지역사회에서 일하는 상담가는 가족과 6번 면담하려고 무척 애쓴다. 반면 교회는 매년 한 주에 한 번이나 두 번은 가족을 본다.

교회 회중이 이미 교회의 또 다른 장점이다. 예를 들어, 여러 기술과 지식을 갖춘 사람들이 교회에 있을 것이다. 당신이 속한 신앙 공동체에 따라 다르겠지만, 당신이 다니는 교회에는 교사와 사회복지사, 의료기관 종사자, 상담가 등이 있을 것이다. 당연히 다른 직업을 가진 사람도 많을 것이다. 그들이 직장에서 일하듯이 교회에서 일할 수는 없겠지만, 교회 지도자와 가족의 말을 잘 듣고 유익한 조언을 해줄 수 있다.

짐과 안드레아는 한 교회에 오래 다녔다. 이들의 아이들은 두 명이며 모두 학교에 다닌다. 안드레아에게 두통이 몇 주간 계속 되었다. 두통은 심해져 어지럽고 귀가 울리며 구토가 났다. 얼마되지 않아 안드레아는 침대에서 일어나지 못했고 짐은 몇 일간 계속 옆에 있어야 했다. 짐은 엄마와 아빠 노릇을 모두 감당하면서 상근직을 유지해나갔다.

교회는 이렇게 힘든 때에 짐의 가족을 돕는 일에 나섰다. 교회의 도움은 이 가족에게 꼭 필요했다. 교회는 음식을 제공하고 짐의 아이들을 여행에 데려가고 관심을 보이며, 자주 방문하여 돌보고, 전화를 하며, 엽서를 보내고, 늘 기도했다. 또한, 일부 교인들은 전문지식과 기술을 동원하여 도왔다. 의료분야 종사자들은 의사의 진단과 처방이 무슨 뜻인지 설명해주었다.

방과후 교사를 하는, 한 교인은 짐의 아이들이 자기 수업에 들어올 수 있도록 자리를 마련했다. 짐의 아이들은 방과 후에도 안전하고 재미있는 곳에서 지낼 수 있게 되었다. 안드레아의 청각이 치료 후에도 빨리 돌아오지 않자 청각 치료센터에서 일하는 교인은 안드레아에게 청각치료전문가를 소개해주었다.

짐과 안드레아는 교회에서 여러모로 지원을 받았고 몇 달 후에는 다시 건강하게 생활할 수 있게 되었다. 교회가 물심양면으로 도왔지만 짐과 안드레아의 가족은 우여곡절을 겪었다. 이 가족이 교회의 도움을 받지 못했다면, 친지나 이웃이 그들을 도왔을지도 모른다. 그러나 그들은 짐의 가족을 돕지 않았을 수도 있다. 가족이 주위에서 도움을 받지 못하면 종종 학대나 방임을 저지를 수 있다. 특히 몇 달을 지나 몇 년씩 스트레스가 계속된다면, 그런 일이 벌어질 수 있다.

상담교육을 얼마나 받았는지에 따라 달라지겠지만, 목사는 위기에 빠진 가족을 단기간 상담할 수 있다. 목사는 상담과 여러 서비스를 가족에게 소개할 수 있다. 큰 교회는 가족을 교회안에서 활동하는 상담 사역자에게 소개할 수 있다. 반면 작은 교회는 지역사회의 가족지원조직을 소개할 수 있다.

교회와 지역사회는 함께 하나님의 인도하심에 따라 가족을 되살리고 아이를 보호해야 한다.

교육과 훈련

 신앙 공동체는 공동체 구성원에게 아동학대와 방임이 무엇인지 늘 가르쳐야 한다. 가족이나 학교, 어떤 단체가 우리에게 이것을 가르쳐줄거라고 기대할 수 없다. 아이는 하나님이 자기를 꼼꼼하게 챙기신다는 것을 알아야 한다. 신앙 공동체에 속한 구성원들은 교회안에서 도움의 손길을 찾을 것이다. 그들이 자기가 겪은 어려움을 교회안에서 말할 수 있도록 배려해야한다.

아동학대와 섹스, 돈, 정치 같은 주제는 교회안에서 말하기 어렵다. 교인들이 이런 주제를 어떻게 생각하는지 교회 출입문에서 확인할 수는 없다.

그러나 교회가 주최하는 강좌나 소모임, 설교에서는 이런 주제를 받아들여 토의할 수 있다. 신앙공동체에 있는 아이가 험한 인생사를 배우고 자신의 가치를 확인하려 할 때, 당신은 아이들이 어느 곳에서 그런 것을 배우길 바라는가?

교회는 아이를 향한 사랑과 아이의 소중함을 일깨우는 신학을 가르치고, 아이에게 힘을 주는 법을 익히며 육성해야한다. 부모와 자식관계도 벌을 주고 받는 관계가 아니라 서로 존중하고 생기를 북돋우는 관계가 되어야 한다. 성서에는 하나님을 사랑이 많은 부모로 그린다. 이런 묘사를 이용한다면, 우리는 가족이 건전하게 사귀도록 도울 수 있다.

특히 교회 구성원 가운데, 교사와 청소년 지도자, 양육 도우미로 일하는 사람은 아이를 보호하고 가족을 견고하게 하며, 학대와 방임을 판별하고, 학대와 방임이 의심될 때 신고하는 요령에 대해 교육을 받아야 한다. 신앙 공동체 구성원이 아동학대와 방임, 발생빈도와 학대징후, 위험요인을 잘 알고 있다면, 그들은 가족의 문제에 대응하고 가족을 도울 준비가 잘 되어있는 사람들이다. 교회가 적절하게 교육을 받는다면, 학대와 방임을 부인하려는 마음을 깨뜨리고 아이를 보호하며 위험에 처한 가족을 더 많이 지원할 수 있다. 교회 구성원이 학대와 방임을 자세히 알게 된다면, 이 문제가 복잡하다고 인정하고, 섣불리 판단한 나머지 스스로 문제를 풀려고 덤비지 않을 것이다.

아동학대와 방임의 유형은 가지각색이다. 그만큼 그것을 알아보고 대응할 수 있게 준비해야한다. 여러 교회가 무엇보다 성적 학대에 주목한다. 하지만, 교회는 교회 구성원이 살고 일하는 지역사회에서 더 흔하게 발생하는 학대와 방임에 신경을 써야한다. 우리는 신앙 공동체로서 온갖 학대와 방임을 알아보고, 아이를 어느 곳에서 만나든지 보호할 준비가 되어있어야한다.

단체 소개하기

 가족과 아이에게 필요한 자원을 주거나 그것이 어디에 있는지 알려줄 때도 교회는 중요한 몫을 맡는다. 교회는 관계를 강조하고 가족과 늘 접촉하며 프로그램을 진행한다. 교회는 이런 활동을 하면서 위험에 빠진 아이와 가족을 찾아낼 수 있다. 교회는 이런 가족에게 상담과 직업교육, 주거, 음식제공서비스, 양육교실을 소개할 수 있다. 그래서 교회는 가족이 어려움에 빠져 아이를 학대하지 않도록 도울 수 있다. 아이가 이미 학대를 당하고 있다면, 교회는 관계당국에 신고하고 아이가 안전하게 지낼 수 있게 개입하며 가족에게 도움을 받을 수 있는 곳을 소개할 수 있다.

교회 지도자들은 대부분 지역사회단체에 위탁하려고 한다. 그러나 가족을 어디에 위탁해야할지 모를 때도 종종 있다. 가족을 누구에게, 어떤 단

체에 보낼지 모를 때, 우리는 대체로 위탁을 하지 않으려 한다. 특히 상담할 때, 교회는 대부분 종교기반의 상담단체에만 가족을 위탁하려한다. 무조건 종교기반의 상담단체에 가족을 위탁하려고 하지 마라. 일반 상담단체에도 기독교인 상담가가 많다. 설사 기독교인 상담가가 없다해도, 전문 직업훈련을 거친 상담가는 대부분 내담자의 영적 관심을 존중하고 치료의 틀로서 이용할 것이다.

일부 교회는 아예 지역사회 상담단체와 협력관계를 맺는다. 예를 들어, 이 교회들은 지역 상담단체를 지원할 재정을 미리 정해둔다. 그리고 상담단체도 교회 신자들을 상담할 때 더 저렴한 가격을 적용한다. 이런 협력 덕분에 모든 사람의 필요가 채워지는 것 같다. 특히 상담이 필요한 가족에게 도움이 되는 것 같다.

아이나 가족이 제대로 도움을 받도록 하려면, 이들이 참석할 프로그램의 연락처와 운영시간을 알아야 하고 신청자격기준도 알아야 한다.

가족이 푸드뱅크에서 서비스를 받는 것은 당신이 생각하는 것만큼 쉽지 않다. 예를 들어, 가족은 푸드뱅크를 하는 지역에 살아야 하며, 신원증명을 해야 하고 서비스를 제공하는 시간에 사용할 수 있어야 하며, 푸드뱅크가 있는 곳에 가서 음식을 집으로 가져올 수 있어야 한다. 더구나 부모는 아이를 그 곳에 데려갈 수 없거나 데려가지 않으려 할 것이다. 그래서 부모가 음식을 가져갈 때는 아이를 잠시 맡겨야한다. 이런 가족 가운데 영어를 일상어로 쓰지 않는 가족도 있을 것이다. 그러나 푸드뱅크를 담당하는 직원들은 영어만 쓴다. 혹은 신청양식서는 영어로 되어있다. 일부 가족은 몇 달 전에 푸드뱅크 서비스를 받았기 때문에 다시 받으려면 몇 달을 기다려야한다. 이것도 앞에서 지적한 사항만큼이나 중요한데, 어떤 가족은 푸드뱅크에 도움을 청하는 것을 부끄러워하거나 서비스를 이용하는 방법을 모른다.

가족을 위해 교회가 할 수 있는 유용한 일 10가지

1. 연령대마다 참여할 수 있는 활동을 제공하고 연령에 맞는 서비스도 제공한다. 어떤 연령도 소외되지 않는다.
2. 가족을 지원한다. 아이를 봐주고, 교통수단을 제공하며, 집안일이나 집수리를 돕는다.
3. 아동학대와 방임, 건전한 양육, 안전에 대해 성인을 교육한다.
4. 아동학대와 방임, 안전에 대해 교회안에 있는 아이와 청소년을 교육한다. 나이에 맞게 교육한다.
5. 지역사회에 거주하는 아이와 가족의 안전을 위해 기도한다.
6. 옷과 음식, 쉼터, 상담 등을 제공하는 조직이나 기관에 가족을 소개하거나 위탁할 수 있도록 준비되어있다.
7. 지역사회에 거주하는 주민과 사귄다. 이웃에게 떡을 대접하고, 이웃집 아이와 교류하며, 물건을 교환하고, 승용차 함께 타기를 한다.
8. 중고옷가게나 푸드뱅크를 하거나, 기존단체에 기부한다.
9. 지역사회단체에서 자원봉사를 한다. 분류작업과 전화받기, 메일보내기나 후원금모집을 돕는다. 가족을 방문한다.
10. 아동학대와 방임으로 추정되는 행위를 아동보호국나 경찰에 신고한다.

필요한 서비스를 받도록 가족을 도울 때, 가족이 서비스를 홀로 이용하도록 놔두지 말고 같이 가주는 것이 좋다. 부모가 음식을 제공하는 배급소나 복지국에 갈 때, 그들과 함께 가는 방법을 한번 생각해보라. 당신은 부모가 소통이나 서류작업, 교통의 불편함을 겪지 않도록 도울 수 있다. 또한 당신은 도와달라고 부탁할 수 있으며 서비스를 제공하는 단체가 무엇을 하는지 알아볼 수 있다.

우리는 도와달라고 부탁해야 하는 상황을 아직 겪지 않았기에, 도움을 받는 것이 얼마나 어려운지 모른다. 무엇보다 우리는 가족이 무엇 때문에 지원이나 서비스를 받지 못하는지 제대로 이해하려고 애써야한다. 가족이 이런 장애를 넘어서도록 힘껏 도와야한다.

"가족을 위해 교회가 할 수 있는 유용한 일 10가지"를 다시 떠올려보라. 예수처럼 우리는 "암탉이 제 새끼를 날개 아래에 품듯이 아이들을 하나로 모을 수 있다."눅13:34 당신은 오늘 무슨 일을 하겠는가?

함께 생각하기

1. 아이를 더 안전하게 보호하는 일에 당신의 교회는 어떤 기여를 할 수 있는가? 당신의 교회는 어떤 영역에서 그런 일에 기여할 수 있는가

2. 당신과 당신의 가족이 힘든 때를 보낼 때 교회는 어떻게 당신의 가족을 도왔는가? 이 때, 기분은 어땠는가?

3. 다음 선언에 대해 어떻게 생각하는가? "교회가 아동학대와 방임이 있다는 사실을 부인하려 한다면, 그 교회는 아이를 위험에 방임하면서 가해자를 잠재적으로 품어주게 된다."

4. 다음 활동 가운데 당신은 부모에게 어떤 활동을 소개하겠는가? 어떤 활동을 추천하고 싶은가?

   ▶ 상담 / 양육교육 / 거주지 제공 / 취업 / 음식제공

   이런 서비스를 제공하는 단체나 조직 가운데 당신이 직접 방문한 곳은 몇 군데인가?

행동지침

1. 하나님을 사랑스런 부모라고 기술하는 성서구절을 찾아보라.

2. 아이에게 안전을 가르치는 교육과정을 찾아보라. 교회에서 아동교육을 담당하는 분과 함께 당신이 찾은 교육과정을 이야기해보라

3. 교회 소모임이나 부서에게 이 책을 공부해보자고 제안하라. 아마 당신이 이 책을 가지고 가르칠 수도 있다.

4. 당신이 다니는 교회의 교육과정을 점검해보라. 활동이나 서비스가 더 필요한 연령집단이 있는가? 교회 지도자와 이런 필요에 대해 논의해보라. 이런 활동이나 서비스를 제공하는 일을 직접 돕는 일을 해보라. 이것이 조금 더 나은 선택이다.

5. 당신이 다니는 교회는 "10개의 유용한 일" 가운데 몇 개를 실천하는가? 10개 외에도 당신이 할 수 있는 일이 있는가?

12장

우리 교회에는 아동학대예방정책이 있는가?

너 사람아, 무엇이 착한 일인지 주님께서 이미 말씀하셨다.

주님께서 너에게 요구하시는 것이 무엇인지도 이미 말씀하셨다.

오로지 공의를 실천하며 인자를 사랑하고

겸손히 네 하나님과 함께 행하는 것이 아니냐! 미6:8

어떤 교회든 아동학대예방정책 문서가 있어야 한다. 우리 아이들은 소중하고 중요하므로 그들의 안전을 그저 운에 맡길 수 없다. 아동학대예방정책이 있으면, 아이를 안전하게 보호하는데 도움이 될 것이다. 그리고 아이의 안전을 무엇보다 먼저 챙긴다는 사실을 교회안에 있는 가족도 알게 될 것이다.

12장에서는 아동학대예방정책에 들어갈 내용을 설명한다. 부록 4 에 정책견본이 나와있다. 12장에서 설명한 정책은 대부분 아동에 대한 성적 학대를 막는 내용을 담고 있다. 성적 학대가 교회안에서 가장 흔하게 일어날 수 있는 학대다.

일부 중요한 영역을 빠짐없이 담으려면, 아동학대예방정책을 무척 정교하게 만들어야한다. 일단 당신이 속한 회중에 맞게 정책을 세우는 것이 가장 좋다. 아동학대예방정책을 작성하고 동의를 구할 때, 되도록 많은 사람과 집단이 참여해야한다. 부모와 주일학교교사, 청소년 사역자가 가장 먼저 이 일에 관여해야한다. 목사를 비롯한 교회사역자와 교회 시설 책임자도 정책 작성과 통과에 참여해야한다.

아동학대예방정책은 누구나 볼 수 있고 사용할 수 있어야한다. 이것은 교회 구성원과 교회 방문자에게 똑같이 적용된다. 당신은 이 정책을 블로그와 사이트, 게시판에 올릴 수 있다. 하여간 예방정책을 공개하면, 교회를 범죄장소로 삼으려는 성범죄자를 막는데 도움이 될 것이다.

일년에 한번은 예방정책을 복사하여 교회 직원과 주일학교교사, 청소년 사역자, 그리고 정기적으로 아이들을 만나는 사람들에게 나누어주라. 동의서를 만들어, 이 정책을 읽고 이해했다는 뜻에서 이들에게 서명을 받는 것이 더 좋은 방법이긴 하다.

우리가 특히 기억해야할 사항이 있다. 아동학대는 교회 건물이나 교회 공식 프로그램보다 가정과 자동차, 비공식 모임을 하는 공원 같은 곳에서 더 자주 일어난다. 성범죄자는 대체로 교회활동을 하면서 아이와 가족의 마음을 얻고 아이를 다른 환경으로 유인하여 성범죄를 저지르려 할 것이다. 특히 캠프와 수련회, 밤늦게 열리는 청소년 활동을 신경써야한다. 그리고 교회가 아닌 다른 단체에서 후원하는 모임도 조심해야한다.

당신의 교회에 아동학대예방정책문서가 있다면, 정책을 실행하는 것이 무엇보다 중요하다. 여기서 우리가 크게 한 걸음 더 나아가, 이 정책을 실행할 책임을 각 사람에게 지울 수 있다. 우리가 바꾸어야할 상황의 범위에 따라 달라지겠지만, 예산이 더 필요할지 모른다.

교사와 부모, 담당자를 위한 교육과 훈련

아동학대와 방임은 여러 갈래를 가진 복잡한 현상이다. 따라서 아동학대와 방임에 대비한 훈련도 복잡해야한다. 첫 해에는 아동학대와 방임의 구체적 현상을 가르칠 수 있다. 다음 해에는 아동발달과 건강한 관계, 응급처치, 데이트 폭력, 그리고 앞장에서 다루었던 보호요인과 위험요인 같은 주제들에 초점을 맞출 수 있다.

적어도 아이와 청소년을 가르치거나 돌보는 사람을 교육하라. 어른은 하여간 어떤 상황에서는 아이와 접촉하게 된다. 조부모나 이웃으로서 접촉할 수도 있고, 공원과 음식점, 슈퍼마켓에서 아이를 볼 수도 있다. 그래서 모든 어른은 아동학대와 방임이 무엇이며 어른으로서 어떻게 대응해야 하는지 교육받아야한다.

여러 장소에서 다양한 방법으로 교육하라. 예를 들어, 설교할 때도, 건강한 가족관계나 가장 상처받기 쉬운 아이를 보호하는 일을 언급할 수 있다. 예배할 때도, 기도와 시 읽기, 공감적 읽기를 하라.^{부록 6을 보라. 그리고 www.DovesNest.net에도 예배자료가 있다} 주일학교와 소모임, 수련회에서 교육이나 훈련을 할 때, 비공식적으로 하는 것이 효과가 있을 것이다.

아이와 어른에게 아동학대와 방임 예방교육을 할 때, 기발하고 창의적으로 하라. 교육 참가자들에게 충분히 토의하고 역할극에 참여할 기회를 주라. 이 책에 나온 이야기나 지역신문에 난 사례를 토의해보라. 아동학대와 방임은 거슬리는 주제다. 교육 참가자에게 이 문제를 고심하고 논의할 기회를 주지 않는다면, 그들은 교육할 때 논의한 내용을 별로 기억하지 못하고 태도와 행동도 거의 바뀌지 않을 것이다.

아동학대예방교육을 하는 장소와 상황이 어떻든, 일부 청중은 학대를 이미 경험했다고 가정하라. 청중 가운데 피해자가 없다면, 청중이 돌보는 사람 가운데 피해자가 있다고 가정하라. 아동학대예방교육을 할 때, 이 피해자들의 체험과 감정에도 신경써야한다. 그들은 교육장소를 빠져나가거나, 울거나, 화를 내기도 한다. 아니면, 무척 적극적으로 토의에 참가할 수 있다.

아동학대를 겪은 사람들은 자신이 겪은 일을 기꺼이 말하기도 하고, 말하지 않기도 한다. 이것은 그들의 마음에 달린 일이다. 학대 체험을 다른 사람과 나누려는 사람이 있다면, 그를 확실하게 보호하고 지원하라. 그가 스스로 보호받고 지원받는다고 느끼도록 배려하라. 그가 감정을 드러내도록 허용하고 자기 감정과 타인의 반응을 짐작하고 대비하게 도와야한다.

한 사람이 소모임이나 부서모임에서 자기 사연을 스스로 나눈다면, 리더는 그 사람과 모임에 모두 유익하도록 반응할 수 있어야한다.

어떤 사람이 특정한 주제를 듣고 화를 내거나 자료가 전달되는 방식에 불만을 가질 때, 그 자신이 학대 피해자이며 그래서 이런 반응이 나올 수 있음을 기억해두자. 사람들이 하는 말을 귀담아 듣고, 열린 질문을 하며, 비언어적 행동에도 주의를 기울이자. 전문가의 도움을 구할 수 있는 곳을 목록으로 만들어두면, 이런 상황에서 요긴하게 쓰일 수 있다.부록 5와 6을 보라

아이와 청소년을 위한 교육과 훈련

아이는 아이를 보호할 책무를 지지 않는다. 하지만 아이는 안전하게 지내는 법을 배워야한다. 아이에게 이런 방법을 자주 가르쳐야한다. 조금씩 다른 관점으로 가르쳐야한다. 그리고 참여하는 아이의 발달수준과 나이에 맞게 가르쳐야한다.

아동학대와 방임이 무엇인지 아이에게 가르치고 이것을 피하는 법을 훈련할 때, 우리는 정보를 무척 신중하게 제시하여 아이가 이해하면서도 너무 놀라지 않게 해야한다. 알다시피, 아이는 단지 작은 어른이 아니다. 아이는 자신의 발달수준에 걸맞게 정보를 이해하고 받아들이며 걸러낸다.

학교에서 성적 학대예방프로그램을 이수했던 한 아이와 이야기한 적이 있다. 무엇을 배웠냐고 물었는데, 아이는 이렇게 답했다. "한 사람이 너를 나쁘게 만질 때, 너는 창문으로 뛰어나와야한다." 이런 말을 한 교사가 정말 그렇게 해야한다고 생각하면서 말했는지 의심스러웠다. 하지만 이것이 정말 아이가 들은 말이었다.

학대를 피하는 방법 가운데 어른이면 무조건 경계하게 만드는 방법도 있다. 가족도, 친구도, 낯선 사람도 모두 경계하라는 것이다. 아이와 청소년은 어른과 건전한 관계를 맺어야한다. 이들은 이런 관계를 무서워하지 말고 건강하게 탐색해야한다. 우리는 아이가 안전한 사람을 알아보고 이들과 거리낌없이 사귀도록 도와야한다.

아이가 불편하게 느끼는 점이 있거나 질문할 문제가 있다면, 믿을만한 어른과 이야기하라고 가르쳐야한다. 아이나 청소년을 교육하기 전에 먼저 부모에게 알리고 부모도 교육에 참가하게 하라. 아이에게 제시될 자료를 부모도 알고 있어야한다. 그래야 부모도 교육내용을 함께 지지하면서 아이가 여러 상황에서 이것을 적용하도록 도울 수 있다. 아이는 가정과 교회, 학교, 이웃집, 가족 모임에 있을 때, 교육받은 내용을 적용할 수 있다.

아이를 교육하면서 어떤 교재와 주제를 사용하며 어떤 활동을 할지 결정할 때, 부모도 함께 참여하는 것이 중요하다. 아이와 함께 교육을 받는 부모를 반기는 것도 좋은 생각이다. 부모가 함께 교육을 받으면, 부모도 아이가 배우는 기술과 언어를 배울 수 있을 것이다. 부모가 학대관련 교육에 참여해보라는 당신의 초청을 거절하더라도, 당신은 부모가 당신을 지지한다는 것을 확고히 다질 수 있을 것이다.

부모가 교육에 참여하지 않거나 아이를 교육에 보내지 않는다면, 가족이 교육을 받고 교재를 사용할 수 있는 다른 방법을 마련해야한다. 우리는 교육정보를 받아들이라고 강요할 수 없다. 그러나 우리는 누구나 이 정보를 이용하도록 최선을 다해야한다.

아동학대가 무엇이며 아동학대를 어떻게 예방하는지 알린다면, 아이나 청소년은 목소리를 내고, 근심하게 만들거나 옳지 않게 보이는 일을 타인에게 이야기하려고 할 것이다. 교사는 확실히 아이의 말을 듣고 대응할 준비를 해야한다. 관계당국에 신고하고 위탁하는 절차를 명시하라.

여러 연구결과를 살펴보면, 아동을 대상으로 한 학대예방프로그램은 계획한 성과를 내지 못했다. 아이는 때때로 교재내용을 이해하지 못한다. 교재를 계속 보관하지 못하거나 교육내용에 무척 놀라는 경우도 많다. 그나마 장래성있는 프로그램 가운데 '은총의 순환' 이란 프로그램이 있다.[1] 이 프로그램에서는 아이가 하나님의 피조물이며 특별하다고 가르친다. 아이는 무척 다양한 상황에서 안전하게 지내는데 도움을 주는 "은총의 순환"에 대해 배운다.

아동학대를 다룬 책과 비디오, 교육과정을 사용하는 것도 고려할 수 있다. 부록 7에 아이들이 볼만한 책이 나와있다.

학대와 방임은 여러 상황에서 여러모로 일어날 수 있다. 그래서 아이가 배운 것을 이용하여 자신을 안전하게 지킬 수 있을지 의심스럽다. 우리는 성인으로서 아이를 안전하게 보호해야할 책무를 진다.

아동학대와 방임에 대한 대응계획

교회안에 있는 아이가 학대나 방임을 당하고 있는지 더는 의심하지 않는 날이 왔으면 좋겠다. 그러나, 우리는 학대와 방임에 대비한 대응책을 가지고 있어야한다. 당신의 교회에 아동학대예방정책 문서가 있다면, 그 문서에 다음 내용을 넣어야 한다. 누가 아동보호국이나 경찰에 신고할지, 언제 신고를 했는지, 어떻게 사건을 기록할지 예방정책에 명시해야한다. 부록 2에 있는 "아동학대와 방임 신고에 대해 자주 묻는 질문"을 참고하라.

아이가 외치는 소리를 들은 사람이나 학대를 당했다는 아이의 증언을 들은 사람은 보통 신고해야한다. 그것도 되도록 빨리 신고해야한다. 신고하는 사람은 도움과 지지를 기대하면서 신고할 것이다.

당신이 신고했다면, 관계당국과 터놓고 협력하라. 그리고 당신이 조사를 어떻게 도울지 물어보라. 하지만 아이와 가족을 계속 지원해야한다. 사건이 터졌을 때 어떻게 행동할지 미리 계획하라. 사건이 터졌을 때, 교회 지도자와 부모에게 학대 혐의가 있는 사건이 일어났다고 알리고 아동보호국이나 경찰에 신고하라. 사건이 종료되거나 상황이 마무리되기 전까지 혐의를 받은 인물을 어떻게 대할지 생각해두라.

학대와 방임 사건을 다루어 본 사람은 이런 사건 자체가 독특하기 때문에 세심하게 주의를 기울이고 지식과 기술을 동원해야함을 알고 있다. 학대는 평범한 때에 절대 일어나지 않으며 버젓이 벌어지지도 않는다. 학대는 늘 고통스럽다. 끔찍하다.

피해자와 가해자로 지목된 사람들과 피해자 가족을 고려할 때, 학대 혐의를 다루는 일이 정말 힘들다고 토로하는 목사가 많다.

우리는 이 문제 앞에서 거듭 고심한다. 신고할지 말지, 아이를 어떻게 보호할지, 아이의 부모에게 무슨 말을 할지, 교회안에 있는 부모와 교인에게 무슨 말을 할지 고민하게 된다.

학대문제는 함부로 다른 사람에게 알릴 수 없기 때문에 교회 지도자는 이 문제에 대해 다른 사람과 함께 결정할 수 없다고 느끼면서 어깨를 누르는 책임의 무게를 실감한다. 일부 목사는 학대를 신고하거나 혐의가 있는 가해자와 만날 때 다른 교인에게서 떨어져 홀로 있음을 느꼈다고 말했다.

학대문제는 복잡하고 어려우며 여러 측면을 가진다. 교파나 교회연합단체는 학대문제를 다루는 목사나 담당자를 지원하는 일을 할 수 있다. 목사나 담당자는 아이를 보호하고 가족과 일을 처리할 때 이 문제가 무척 크고 힘든 과제라고 느낀다. 일단 분명한 정책과 절차가 있으면, 넘실대는 파도처럼 힘든 상황도 헤쳐나갈 수 있다. 그만큼 분명한 정책과 절차는 엄청난 자산이다. 긴급한 상황이 벌어지기 전에 여러 변수를 고려하여 기록해두어야 한다. 특히 어려운 상황에 부닥쳤을 때, 이것이 요긴하게 사용될 것이다.

목사와 교회 사역자에 대한 배경 조사

여러 교회가 교회 사역자와 자원봉사자의 배경을 조사한다. 아이와 청소년 사역을 담당할 교사와 리더를 뽑을 때 믿음과 직감에 기댈 때가 많긴 하지만, 교회는 대부분 배경조사가 중요하다고 인정한다. 배경조사를 통해 범죄이력이 있는지 아동학대가해자인지 확인할 수 있다.

아이와 접촉하는 사람이라면 누구나 이력조사를 받아야한다. 여기에는 목사와 청소년 사역자, 주일학교교사도 포함된다. 또한 건물 관리자와 운전사, 놀이방 담당자도 조사를 받아야한다.

배경조사를 해도 100번 가운데 99번은 깨끗할 것이다. 즉 문제있는 사람이 발견되지 않을 것이다. 그러나 나머지 1번에서 문제가 있는 사람이 발견된다면, 이것은 교회가 계속 배경조사를 할 충분한 증거가 될 것이다.

배경조사만 했더라도 아이를 보호할 수 있었을 거라는 사실을 누구도 인정하고 싶지는 않다. 배경조사의 결과가 깨끗하더라도 당신은 지금까지 얼마나 많은 가해자를 걸러냈는지 알 길이 없다. 가해자도 배경조사를 통해 자신의 과거가 드러날 거라고 예상하기 때문이다. _{부록 8. " 배경조사할 때 자주 묻는 질문"을 보라}

배경조사는 아동학대예방전략으로서 충분하지 않음을 기억해두자. 유감스럽게도 아동성범죄자는 검거되거나 유죄판결을 받기 전에도 많은 범죄를 저질렀다. 유죄판결을 받기 전까지 아동성범죄자는 성범죄자 기록부에 등재되지 않는다. 더구나 배경조사를 해도 다른 주에서 한 일까지 조사하지 않을 것이다. 또한 배경조사는 대부분 교회가 속한 읍이나 소도시 범위를 벗어나지 않는다. 배경조사가 중요하긴 하지만, 아이의 안전을 확보하려면 다른 조치도 필요하다.

감독

교회의 아동보호계획은 적절한 감독을 중요하게 여긴다. 어른 둘 이란 규칙은 중요하다. 말하자면, 최소한 두 명의 어른이 아이를 항상 감독해야 한다는 뜻이다. 어른 두 명이 감독할 때 여러모로 유익하다. 아동학대만 고려할 때도, 어른 두 명이 아이들을 감독하면 학대할 기회가 줄고 학대 혐의가 있는 사건이 터질 때 함께 있었던 어른이 증언할 것이다. 놀이방에 청소년 상담가가 있어도 어른 두 명은 놀이방에 있어야 한다.

타인이 아이들을 곧바로 볼 수 없는 상황에서는 아이를 한 명의 어른과 절대 홀로 있게 해서는 안된다. 한 어른이 한 명의 아이나 청소년과 차에 함께 있어서는 안된다.

언제 어디서나 적절하게 감독하려면 미리 준비를 해야한다.

교회 시설물

우리는 교회시설과 교회 구내를 잘 가꾸어 아이에게 안전하며 모든 사람에게 편안한 장소로 만들어야한다. 아이가 안전하게 지내도록 하려면 교회 시설과 구내를 꼼꼼하게 점검해야한다. 가정용 안전점검표를 교회에도 적용할 수 있다. 배수구와 배출구에 덮개를 씌우기, 날카로운 물건에 접근을 통제하기, 흔들리는 깔개 고정하기, 전기선을 걸어놓기, 날카로운 모서리에 덮개 씌우기. 주일학교방에 있는 날카로운 가위와 부엌에 있는 칼, 주방용 세제를 점검하기. 이런 일을 교회에서도 해야한다. 완전히 구비된 구급상자를 갖추는 것도 안전수칙이다.

안전한 환경을 구축하는 것은 아동학대예방에 중요하며, 어린 아이가 있는 가정을 따뜻하게 맞이하는데 필요하다. 일요일 오전이 끝나갈 무렵, 이제 걸음마를 배우는 아기를 키우는 엄마와 교회에서 이야기를 했었다. 엄마는 완전히 지쳤다! 교회 건물이 너무 위험하다 보니 그녀는 아침내내 아기를 따라다녔다. 그녀는 아이가 조금 더 클 때까지 교회를 쉬고 싶다는 생각까지 했다고 말했다. 어린 아이를 둔 가족이 이런 체험을 하지 않았으면 좋겠다. 교회는 모든 사람에게 안전한 장소가 되어야한다.

교실과 목사 사무실도 포함하여 모든 문에 창문을 설치하는 것은 중요한 조치다. 더구나 아동학대예방에도 도움이 된다. 교회안에 있는, 어떤 방도 완전히 밀폐되어있지 않아야 한다. 방을 모두 관찰하려면 창문이 있어야 한다.

교회시설을 사용하는 다른 모임이나 단체도 아동안전수칙을 따라야한다. 이것도 중요한 조치다. 텔레비전을 보니, 리포터가 교회 표지판앞에 서서 아동성범죄조사가 이루어지고 있다고 말한다. 이런 교회가 되어선 안된다.

그런데 텔레비전에 나온, 이 교회의 경우, 교회시설에서 성범죄가 일어났는데, 교회 프로그램에서는 성범죄가 없었다. 이 교회는 교회시설에서 방과후프로그램을 하도록 허락했다. 방과후프로그램을 운영하는 사람들은 이 교회에 다니지 않았지만, 10시 뉴스에서는 교회 이름이 나왔다. 이런 문제를 다루는 보험회사를 알아보고, 교회 구성원이 아닌 사람이 교회 시설을 사용할 때, 어떤 법적 책임을 지는지 알아보라.

아동보호요원

교회의 안전절차를 이루는 중요한 요소는 안전 정책이 실행되는지 점검할 안전요원담당자을 임명하고 아동학대로 추정되는 사건이 일어났을 때 조언을 받는 것이다. 당신의 교회에 안전정책이 있다면, 이 정책이 공개되고 지켜져야한다. 이것이 중요하다. 정책이 있지만 그것을 따르지 않는다면, 당신은 아동보호를 더 잘 알고 있지만 그것을 따르려고 힘과 시간을 투자할 마음은 없는 것이다. 안전요원을 임명하여 당신의 교회가 아동보호정책을 분명히 따르도록 하라. 당신은 이 일을 리더 그룹에 일임할 수 있다. 아마 다른 리더를 선출할 때도 똑같은 방법을 사용할 수 있겠다.

성범죄자로 공개된 사람이 교회에 있을 때

성범죄자가 교회를 방문하거나 출석한다고 가정해보자. 그가 어디에 있는지 알 때도 있고 모를 때도 있다. 교회가 만든 정책이 있으면 아이를 언제 닥칠지 모를 위험에서 보호할 수 있을 것이다. 한 사람이 당신의 교회에 출석하기 시작하거나 출석해도 되는지 물을 수 있다. 그런데 그에게 성범죄이력이 있다는 것이 드러날 수 있다. 우리는 교회가 모든 사람에게 열려있어야 한다고 알고 있다. 그러나 때때로 우리는 아는 만큼 행동하려고 분투해야한다.

안전보호절차를 마련하고 아동보호정책에 기록해두어야 성범죄이력이 있는 사람도 당신의 교회에 출석할 수 있다. 먼저 성범죄이력이 있는 사람은 교회가 마련한 지침을 기꺼이 따라야한다. 그는 감독자가 없는 상태에서 어떤 아이와도 접촉해서 안되며 아이를 지도하거나 가르치는 일도 맡아서는 안된다. 감독자가 없는 주일학교에서 가르치거나 돕는 일도, 청소년 사역을 지도하는 것도, 음악활동이나 자동차 운행에도 관여할 수 없다. 이것이 가장 기본이 되는 지침이다.

성범죄이력이 있는 사람이 교회에 다니거나 다니길 원하며, 안전보호절차가 마련되어 있음을 아이의 부모에게 정중하게 알려야한다. 교회에 출석하는 부모들이 모두 만나는 자리를 마련하는 것도 좋은 방법이다. 교회는 성범죄자도 참여할 수 있는, 어른 전용 공간을 지정할 수 있다.

성범죄이력이 있는 사람이 진심으로 재활에 나선다면, 그는 교회가 정한 지침을 모두 따를 것이다. 그가 재활에 나서지 않는다면, 교회는 아이의 안전을 위해 교회를 떠나달라고 그에게 말할 수 있다.

사람들이 아동보호정책을 만드는 일에 반발할 때

아이의 안전을 확보하려고 안전 절차를 교회에 세우려 할 때, 노력과 변화가 필요할 것이다. 일부 교인들은 이런 태도를 취할 수 있다. "내 교회는 이런 절차를 실행하지 않고도 나를 길렀고 나 자신도 멀쩡하다. 이런 모든 절차를 알고 실행하는 것이 왜 그렇게 중요한가?" 우리도 인간이기에 별로 변하고 싶지 않다. 특히 우리에게나 우리가 사랑하는 사람에게 흠이 있을지 모른다는 사실을 똑바로 바라보고 싶지 않다.

지금은 사정이 달라졌다. 무엇보다 우리는 이제 아이들을 괴롭히는 위험과 위기를 과거보다 더 많이 안다. 우리는 아는 것에 걸맞게 행동해야한다. 더구나 오늘날 아이들에게 닥칠 수 있는 위기는 완전히 생소하다. 과거에 아이를 양육하고 돌보는 방식이 그 때에는 적절했을 것이다. 그러나 지금은 적절하지 않을지 모른다. 좋았던 시절에는 지금보다 학대가 적었을 거라고 예상하지만, 현실은 다를 수 있다. 우리의 예상보다 과거에 학대가 더 많이 일어났을 수 있다. 단지 그 때는 그런 행위를 학대라고 부르지 않았을 뿐이다.

물론 당신은 교회 구성원을 온전히 믿고 편안하게 대할 수 있을지 모른다. 그러나, 어느날 낯선 사람이 교회에 들어와 주일학교에서 가르치고 청소년 활동을 도우며 아이들을 집에 태워주고 싶다고 말한다면, 어떻게 하겠는가? 그에게 이런 활동을 허용한다면, 당신은 무슨 근거로 허용하겠는가?

당신의 교회가 미리 지침을 준비하고 작성하지 않았다고 해보자. 미심쩍은 인물이 나타나 교회활동에 참여하려고 하자 그제서야 지침을 만들고 지키라고 요구한다면, 그런 짓은 꼴불견이 될 것이다. 교회는 아이와 청소년의 안전을 위하여 이런 상황을 예상하고 미리 준비해야한다.

아동보호정책의 내용에 대해 반발하는 사람이 있을 때, 그와 직접 만나서 그가 무엇을 걱정하는지 들어라. 이런 저런 요인이 있기에 그는 반발할 수 있다. 그의 말을 충분히 듣기 전에는 그가 제기한 문제를 풀 수 없을 것이다. 학대에 대해 가르치고 학대가 우리 가운데 존재한다는 의식을 가질 때 이런 반발을 줄일 수 있을 것이다.

앞으로 우리는 어떤 행동을 취할 수 있는가?

지금까지 교회의 아동학대예방정책을 논했다. 우리는 이제 아동학대를 더 깊이 이해하며 교회가 할 일을 생각한다. 우리는 신앙공동체로서 아동학대와 방임이라는 비극을 예방하고 대응하는 과제를 짊어진다. 이 과제는 정말 엄청나다. 이렇게 무거운 과제에 짓눌리지 말고 우리가 앞으로 무슨 일을 해야할지 하나님의 지도를 구해야한다. 우리가 적어도 오늘 세상을 구원할 수 없을 것 같다. 그러나 우리가 맡은 몫을 개선하려고 애쓸 수는 있다.

지금 우리가 처한 형편을 평가하는 것이 앞으로 우리가 할 중요한 일이다. 부록 9에 있는 점검표를 보고 지금 당신이 잘 하고 있는지 앞으로 무엇을 개선해야 하는지 알아보라. 그리고 개선해야할 영역의 우선순위를 정하여 가장 먼저 할 일을 결정하라.

신앙공동체는 아이와 가족의 삶에 힘을 불어넣을 수 있는 놀라운 능력을 가진다. 교회에서 하는 활동에 "아동학대예방활동"이란 이름표를 붙이지는 않지만, 여러 교회활동은 아이와 가족의 관계를 견고하게 한다. 우리는 온갖 측면에서 아동보호활동을 하면서 개선해나가야 한다. 아이들은 얼마나 소중한가. 아이들의 안전을 신경쓰지 않을 수 없다.

하나님은 우리에게 아이를 맡기셨다. 아이들은 자신을 지킬 수 없다. 우리는 무슨 일이 있더라도 아이를 힘껏 지켜야한다.

누구도 지켜주지 못해서 미안하다고 아이에게 말하고 싶지 않을 것이다.

함께 생각하기

1. 당신의 교회가 아동학대예방정책을 작성했다면, 다음 질문에 답해보라.
   이 장을 읽기 전에 당신은 교회에 예방정책이 있음을 알았는가?

   • 예방정책의 내용을 알고 있는가?

   • 예방정책의 장점은 무엇인가?

   • 교인들이 예방정책을 얼마나 적용하고 따르는가?

   • 예방정책을 어떻게 개선하고 싶은가?

2. 당신의 교회가 아동학대예방정책을 작성하지 않았다면, 이 정책을 만들 때 어떤 요소가 중요한지 토의해보자.
   부록 4 에 있는 예방정책견본을 참고하여 정책을 만들 수 있겠다.

   • 교회에서 예방정책을 수용하려면 어떤 단계를 거쳐야할까?

   • 교회는 무엇 때문에 예방정책을 받아들이기 어려운가?

3. 당신의 교회에서는 어떤 측면에서 아이의 안전을 걱정하는가? 당신의 교회에 있는 아들은 언제, 어디서 가장 쉽게 상처를 받는가?

4. 당신의 교회에서 어떤 사람이나 집단이 아이의 안전을 담당하고 있는가?

행동지침

1. 부록 9에 있는 점검표를 작성하라

2. 점검표에 나와있는 문제를 교정하라.

3. 주변에 있거나, 노회에 소속된 다른 교회들과 함께 당신의 지식과 행동
   에 대해 이야기해보라. 지역사회에 있는 아이와 가족을 보호하고 견고
   하게 만드는 일을 하자고 그들에게 도전하라.

후주

서문

1. Edward Zigle, "Controlling Child Abuse in America: An Effort Doomed to Failure," in *Proceeding of the First National Conference on Child Abuse and Neglect*, January 4-7, 1976 (Washington DC: U.S. Department of Health, Education and Welfare) 35.

2. A.J.Sedlak and others, *Fourth National Incidence Study of Child Abuse and Neglect* (NIS-4): Report to Congress, Executive Summary (Washington, DC: U.S. Department of Health and Human Services, Administration for Children and Families, 2010).

3. U.S. Department of Health and Human Services, Administration on Children, Youth and Families, *Child Maltreatment 2007* (Washington, DC: U.S. Government Printing Office, 2009).

4. Ibid.

5. Robert Wuthnow, *Acts of Compassion: Caring For Others and Helping Ourselves* (Princeton, NJ: Princeton University Press, 1991) 304.

1장 : 당신은 아동학대와 방임을 오해했다 : 오해를 몰아내기

1. U.S. Department of Health and Human Services, Administration on Children, Youth and Families, *Child Maltreatment 2008* (Washington, DC: U.S. Government Printing Office, 2010).

2. Nico Trocme and others, *Canadian Incidence Study of Reported Child Abuse and Neglect-2003* (CIS-2003) (Ottawa, ON: Minister of Public Works and Government Services Canada, 2005).

3. *Child Maltreatment 2008*. 비율은 결국 100%가 넘는다. 일부 아이들은 하나 이상의 학대나 방임을 당하기 때문이다.

4. Trocme and others, *CIS-2003*.

5. *Child Maltreatment 2008*.

6. Statistics Canada, Canadian Centre for Justice Statistics, *Family Violence in Canada: A Statistical Profile* (Ottawa, ON: Statistics Canada, 2009), www.statcan.gc.ca/bsolc/olc-cel/olc-cel?catno=85-224-X&lang=eng.

7. "Missing Person and Unidentified Person Statistics for 2007," National Child

Information Center, www.fbi.gov/hq/cjisd/missingpersons.htm.

8. *Child Maltreatment 2008.*

3장 : 아동학대와 방임 : 성서는 무엇을 말하는가?

1. Amber Alert, America's Missing: Broadcast Emergency Response, www.amberalert. gov.

4장 : 아동학대와 방임 101

1. Jill Goldman and others, *A Coordinated Response to Child Abuse and Neglect: The Foundation for Practice* (Washington, DC: Child Welfare Information Gateway, Office on Child Abuse and Neglect, HHS, 2003), www.childwelfare.gov/pubs/usermanuals/ foundation/index.cfm.

2. Jim Albert and Margot Herbert, "Child Welfare," in The *Canadian Encyclopedia*, 2010, www.thecanadianencyclopedia.com/

3. Ben Mathews and Maureen C. Kenny, "Mandatory Reporting Legislation in the United States, Canada, and Australia: A Cross-Jurisdictional Review of Key Features, Differences, and Issues," in *Child Maltreatment 2008.*

4. "History of Child Welfare," Ontario Association of Children's Aid Societies, 2010, www.oacas.org/childwelfare/history.htm.

5. Goldman and others, *A Coordinated Response*, chap. 2.

6. *Child Maltreatment 2008.*

7. Trocme and others, *CIS-2003.*

8. Statistics Canada, Canadian Centre for Justice Statistics, *Family Violence in Canada.*

9. Trocme and others, *CIS-2003.*

10. Dennette Derezotes, John Poertner, and Mark F. Testa, eds, *Racial Disproportionality in the U.S. Child Welfare System: What We Know (2003-2005)* (Washington, DC: Child Welfare League of America, 2005).

11. *Child Maltreatment 2008.*

12. *Child Maltreatment 2008.*

13. Conrad L. Kanagy, *Road Signs for the Journey: A Profile of Mennonite Church USA* (Scottdale, PA: Herald Press, 2007).

14. Isaac A. Block, *Assault on God's Image: Domestic Abuse*, (Winnipeg, MB: Windflower Communications. 1991).

15. Roger R. Rice and Ann W. *Annis, A Survey of Abuse in the Christian Reformed Church* (Grand Rapids, MI: Social Research Center, 1992).

16. Patricia Moccia and David Anthony, eds, *The State of the World's Children* (New York: UNICEF, 2008), 24, www.unicef.org/rightsite/sowc/pdfs/SOWC_

Spec%20Ed_CRC_Main%20Report_EN_090409.pdf.

17. *World Perspectives on Child Abuse: An International Resource Book,* 8th ed. (Chicago: International Society for Prevention of Child Abuse and Neglect,2008), www.ispcan. org/wp/index.htm.

18. *Child Poverty in Perspective: An Overview of Child Well Being in Rich Countries,* Report Card 7 (Florence, Italy: UNICEF Innocenti Research Centre, 2007), www. unicef-irc.org/publications/pdf/rc7_eng.pdf.

19. United Nations High Commissioner for Human Rights, "Convention on the Rights of the Child" (General Assembly resolution 44/25, 1989), www2.ohchr.org/english/law/ crc.htm.

20. UNICEF, *Convention on the Rights of the Child, 2006,* www.unicef.org/crc/ index_30229.html.

21. Rosemary Chalk, Alison Gibbons, and Harriet J. Scarupa, *The Multiple Dimensions of Child Abuse and Neglect: New Insights into an Old Problem* (Washington, DC: Child Trends, 2002), www.childtrends.org/Files/ChildAbuseRB.pdf.

22. *Long-term Consequences of Child Abuse and Neglect* (Washington, DC: Child Welfare Information Gateway, Office on Child Abuse and Neglect, HHS, 2008), www.child-welfare.gov.

5장 : 방임과 정서학대 들여다보기

1. Trocme and others, *CIS-2003.*
2. *Child Maltreatment 2008.*
3. Rebecca Toni, "Child Abuse and Neglect," in *National Data Analysis System: Issue Brief, Child Welfare League of America* (January 2006).

6장 : 신체 학대 들여다보기

1. *What Is Child Abuse and Neglect?* (Washington, DC: Child Welfare Information Gateway, Office on Child Abuse and Neglect, HHS, 2008), www.childwelfare.gov.

2. Sue Hille, "The Rod of Guidance," in *SCAN Advocate* (1985), www.faithtrustinstitute. org.

3. "Punish, dictionary.com, http://dictionary.reference.com/browse/punish.

4. "Discipline," dictionary.com, http://dictionary.reference.com/browse/discipline.

7장 : 성적 학대 들여다보기

1. *What Is Child Abuse and Neglect?*
2. Kathleen Coulborn Faller, *Child Sexual Abuse: An Interdisciplinary Manual for*

Diagnosis, Case Management, and Treatment (New York: Columbia University Press, 1988), 11.

3. Statistics Canada, Canadian Center for Justice Statistics, *Family Violence in Canada*.

4. A.J. Sedlak and others, *Fourth National Incidence Study of Child Abuse and Neglect* (NIS-4): Report to Congress, Executive Summary (Washington, DC: U.S. Department of Health and Human Services, Administration for Children and Families, 2010).

5. Statistics Canada, Canadian Centre for Justice Statistics, *Family Violence in Canada*.

8장 : 위험요인과 보호요인

1. *Long-term Consequences of Child Abuse and Neglect*.

2. Susan Whitelaw Downs and others, *Child Welfare and Family Services: Policies and Practice*, 7th ed. (Boston: Pearson Education, 2004).

3. Statistics Canada, Canadian Centre for Justice Statistics, *Family Violence in Canada*.

4. *Child Maltreatment 2008*.

5. Holly Johnson, *Measuring Violence Against Women: Statistical Trends 2006* (Ottawa: Statistics Canada), 13, www.statcan.gc.ca/pub/85-570-x/85-570-x2006001-eng.pdf.

6. Statistics Canada, Canadian Center for Justice Statistics, *Family Violence in Canada*.

7. Trocme and others, *CIS-2003*.

9장 : 가해자

1. *Child Maltreatment 2008*.

2. Cindy L. Miller-Perrin and Robin D. Perrin, *Child Maltreatment: An Introduction*. (Thousand Oaks, CA:Sage, 1999).

3. Ibid.

4. Statistics Canada, Canadian Centre for Justice Statistics, *Family Violence in Canada*.

5. Sedlak and others, *Fourth National Incidence Study of Child Abuse and Neglect (NIS-4)*.

10장 : 지역사회에서 아동학대와 방임을 몰아내기

1. Project Harmony, Omaha, Nebraska, www.projectharmony.com.

11장 : 당신의 교회에서 아동학대와 방임을 몰아내기

1. Gregory Love and Kimberlee Norris, "Sexual Abuse Issues in the Church; Raising the Bar. Today's Children's Ministry," Christianity Today (April 4, 2008), 1, www.christ-ianitytoday.com/childrensministry/operations/sexualabuseinthechurch.html?start=1.

2. Joy Thornburg Melton, *Safe Sanctuaries for Children and Youth: Reducing the Risk of Abuse in the Church* (Nashville: Discipleship Resources, 2004).

3. Joy Thornburg Melton, *Safe Sanctuaries for Children and Youth: Reducing the Risk of Abuse in the Church* (Nashville: Discipleship Resources, 2009).

4. United Methodist Church, *Conference Policy: Safe Sanctuaries*, www.safesanctuaries. org/conference_policy/index.html.

5. Christian Reformed Church, *Safe Church Ministry (2010)*, http://www.crcna.org/pages/ safechurch_index.cfm.

6. Mennonite Church Canada, *Volunteer Screening for a Safe Church (2007)*, 3, www.mennonitechurch.ca/resourcecentre/FileDownload/8174/Volunteer_Screening_for _a_Safe_Church_2007.pdf.

7. Mennonite Church Canada, *Volunteer Screening Policy and Procedures Manual (2010)*, 5, www.mennonitechurch.ca/resourcecentre/ResourceView/5/10018.

8. Mennonite Church USA Historical Committee(2003), www.mcusa- archives.org/library/resolutions/nooneshallmakethemafraid.html.

9. "Western District is Well on Its Way to Becoming a Safe Sanctuaries Conference," Western District Conference of Mennonite Church USA, http://site.mawebcenters.com/ westerndistrictconference/WDC_is_becoming_a_SS_conference.pdf.

10. One Childhood Consulting, http://onechildhoodconsulting.com/default.aspx.

11. The Dove's Nest Collaborative: Mennonites Keeping Children Safe, www.DovesNest. net.

12. Child Abuse, Mennonite Central Committee, http://abuse.mcc.org/abuse/en/child.

13. Beth Swagman, R*esults and Summary of the Child Safty Survey* (Christian Reformed Church in North America, 2010), http://network.crcna.org/content/safe-church/results- and-summary-child-safety-survey.

12장 : 우리 교회에는 아동학대예방정책이 있는가?

1. *Circle of Grace*, Archdiocese of Omaha, www.archomaha.org/pastoral/se/circle.html.

부록 4 : 아동보호와 학대대응정책

1. Nebraska Department of Health and Human Services, "What is Abuse and Neglect?" (Lincoln, NB, 2007), www.hhs.state.ne.us/cha/abuse.htm.

부록 6 : 촛불 기도회 : 기도문

1. 잠언 17장 15절
2. 잠언 31장 8절
3. 잠언 31장 9절
4. 마태복음 25장 40절

부록

양육 교육 과정

www.DovesNest.net/LetTheChildrenCome 에 가면 보강된 내용을 볼 수 있다.

열매맺는 양육을 위한 체계적 훈련 Systemetic Training for Effective Parenting

웹사이트 : http://us.mcc.org/programs/women/resources/parenting,
　　　　　http://www.steppublishers.com

언어 : 영어와 스페인어

　이 훈련과정은 7 단계로 진행된다. 이 훈련과정에서 부모는 아이에게 자신감을 주고 협동하는 법을 가르치기위해 폭력을 쓰지 않고 긍정적으로 양육하는 전략을 익힌다. 부모는 아이에게 선택권을 주고 아이의 말을 귀담아 들으며 논리적으로 말하는 법을 배운다. 7단계로 된 훈련과정에서는 부모 자신과 아이를 이해하기와 믿음과 느낌 이해하기, 아이의 잘못된 행동 이해하기, 아이와 부모 자신에게 용기를 주기, 잘 듣고 아이에게 이야기하기, 아이가 협력하도록 도와주기, 아이도 공감하는 훈육하기, 훈육방법 선택하기 같은 주제를 다룬다. 훈련과정은 크게 두 개로 나뉜다. 6세 이하 아이를 둔 부모 프로그램과 7세부터 18세에 속하는 아이를 둔 부모 프로그램이 있다.

적극적 아이로 키우기 Active Parenting

웹사이트 : www.activeparenting.com

언어　　 : 영어와 스페인어

"적극적 아이로 키우기" 프로그램은 아이가 협동하고 책임을 지며 건강한 감정을 지니도록 양육하는 법을 가르친다. 폭력을 쓰지 않는, 긍정적 훈육기법도 가르친다. 그래서 부모가 아이를 힘으로 제압하지 않도록 도우려한다. 6단계의 교육과정에서는 양육방식과 문제 다루기, 책임감 가르치기, 아이가 잘못 행동하는 이유 이해하기, 힘으로 아이와 싸우지 않기, 아이의 자존감을 세우기를 다룬다. 프로그램은 몇 개의 과정으로 나뉜다. 유아용 프로그램과 5세부터 12세 프로그램, 13세이상의 십대 프로그램이 있다. 이혼한 부모와 양부모가 있는 가족을 위한 훈련 프로그램도 있다.

상식으로 양육하기 Common Sense Parenting
웹사이트 : www.parenting.org
언어　　 : 영어와 스페인어

네브라스카 오마하의 보이즈 타운에 있는 "상식으로 양육하기" 훈련 프로그램은 "상식으로 양육하기"의 모태이다. "상식으로 양육하기"는 18장으로 된 책이다. 이 책에는 긍정적, 부정적 양육결과와 스스로 마음 다스리는 법 가르치기, 차트와 메모를 이용한 목표 달성하기를 다룬다. 부모는 문제를 일으키는 행동을 줄이고 가족의 만족감을 높이며 아이와 견고한 관계를 맺는 법을 배운다. 실행을 위한 참고서와 CD, DVD도 사용할 수 있다. 프로그램 진행자를 위한 연수도 한다.

흑인 부모를 위한 열매맺는 양육법
웹사이트 : www.ciccparenting.org
언어　　 : 영어

흑인 가족은 차별과 인종주의를 겪으면서 독특한 필요를 가지게 되었다. 흑인 부모를 위한 열매맺는 양육법은 흑인 고유의 문화를 고려하면서 흑인 부모의 필요를 드러내는 것을 목적으로 삼는다. 이 프로그램 참가자는 일시 중지와 효과적 칭찬 같은 양육기법을 배운다. (이 방법은 온갖 문화적, 사회 경제적 배경을 가진 아이들에게 적용될 수 있다.) 또한 부모는 문화가 전수하는 양육기법도 배운다. 예를 들어 전통적 흑인가족의 훈육법과 현대 흑인가족의 자기 훈육법을 비교하고 흑인됨에 대한 자부심에 대해 배운다. 이 프로그램에서 3시간 강좌가 15회 진행된다.

돌보는 육아 프로그램 Nurturing Parenting Program
웹사이트 : www.nurturingparenting.com
언어　　 : 영어와 스페인어

　돌보는 육아 프로그램은 가족중심의 계획으로서 돌보는 육아기술을 알려준다. 이 계획은 학대하고 방임하는 양육과 아이를 키우는 행태를 대체하고자 한다. 부모와 자식은 집단모임에 따로 참석한다. 집단모임은 더 공감하고 적절한 행동을 북돋우며 자존감을 세우고 가족이 함께 즐기는 법을 배우도록 도우려한다. 일단 부모와 자식이 2시간동안 따로 모임을 가지고, 다시 만나 함께 노래를 부르고 놀이를 하며 즐긴다. 자식 나이가 5세 이하인 부모는 27주 프로그램에 참여한다. 5세부터 11세인 부모는 15주 프로그램에 참여한다. 12세부터 18세인 부모는 12주 프로그램에 참여한다. 십대 자식을 둔 부모를 위한 26회로 된 훈련 프로그램도 있다.

사랑과 논리로 양육하기 아이를 사랑하고 조리있게 말하는 부모 되기
웹사이트 : www.loveandlogic.com
언어　　 : 영어와 스페인

　사랑과 논리가 있으면 부모는 간단하고 쉽게 사용하는 양육기술을 터득할 수 있다. 이 기술을 쓰면 스트레스는 줄고 즐거움은 늘어난다. 12시간에서

15시간 짜리 훈련프로그램이 있다. 이 프로그램에서는 책임감있는 아이로 기르고, 아이의 행동을 쉽게 바꾸며, 부모가 된 즐거움을 더 누리게 도와준다. 여기서는 이런 주제들을 다룬다. 양육 양식을 구별하기, 주도권 싸움을 피하기, 책임을 지도록 가르치기, 한계를 정하기. 6세이하 자식을 둔 부모를 위한 훈련도 따로 준비되어있다.

아동학대와 방임을 목격했을 때, 어떻게 신고해야되나요?

북미상황이지만 부분적으로 한국에 맞게 수정함

1. 그것이 아동학대와 방임인지 확신하지 못하는 경우

• 무엇이 사실인지 생각해보라. 아이는 당신에게 무슨 말을 했는가? 무엇을 목격했는가? 무엇을 들었는가? 추측하지 마라. 듣고 본 것을 신고하라

• 아동학대와 방임을 잘 아는 사람과 상의해보라. 혹은 가족과 상의해보라. 그러나 상의하다가 신고를 너무 미루지는 마라.

• 아이의 눈으로 학대를 바라보라. 학대자로 추정되는 사람의 관점이 아니라 아이의 눈으로 생각해보라. 학대를 당한다고 추정되는 아이는 안전한가? 이 아이를 보호해야할까?

• 아이가 해를 당했는데도 당신이 가만히 있었다고 가정해보자. 기분이 어떨까?

• 신고하지 않기로 했다면, 당신이 본 것과 들은 것을 날짜와 함께 기록하여 보관해두자. 그 기록이 앞으로 사용될지 모른다.

2. 누구에게 알려야하나?

아동보호전문기관1577-1391, 보건복지콜센터129, 지역 경찰122, 119에 신고하거나 직접 내방하여 신고하면 된다. 전국 45개의 아동보호전문기관에서 신고를 접수하고 이관받아 종결 될 때까지 맡아서 처리한다.

3. 신고자 이름을 밝혀야 할까요?

신고할 때, 신고자 이름과 연락처를 밝히지 않아도 된다. 그러나 밝히는 것이 좋다. 신고 접수처는 당신의 정보를 요구할 수도 있다. 그들은 수사 결과를 당신에게 알려줄 수 있기 때문이다. 관계당국이 당신의 신고가 사실이 아님을 알아낸다면, 수사는 마무리되고 법적 책임을 묻지 않을 것이다. 아이를 보호하려는 마음에서 신고했기 때문이다. 아동보호국나 경찰이 당신의 이름을 아이의 가족에게 알리는 것은 불법이다. 사건이 법정으로 갔을 때만 이름이 공개될 것이다.

4. 아동보호기관은 어떤 조치를 취할까?

아동보호국은 먼저 아동의 안전을 고려하여 당신의 신고가 얼마나 긴급한지 판단할 것이다. 아이의 안전이 곧바로 위험하다면, 특히 아이가 아주 어리다면, 아동보호국와 경찰은 아이를 곧 다른 곳으로 옮기려할 것이다. 위험 정도가 중간을 넘었다고 판단된다면, 아동보호국은 신고한 날부터 이틀에서 2주안에 아이를 다른 곳으로 옮길 수 있다. 아동보호국은 신고한 내용이 사실과 맞지 않아서 사건을 마무리하고 아이와 가족에게 연락하지 않기도 한다. 당신이 신고한 내용이 학대나 방임을 뒷받침한다면, 관계기관은 사건을 점검하거나 조사하면서 아이와 형제 자매들, 부모, 학대자로 추정된 사람, 관련된 사람들을 필요하다면 면담할 것이다. 관계기관은 이렇게 사정하면서 증거를 모으고 아이의 안전을 판단하고 아동학대나 방임이 일어났을 개연성을 결정할 것이다. 이 때 관계기관은 당신이 속한 주가 규정한 아동학대와 방임을 고려하여 판단할 것이다. 이런 과정을 거치는데 2주나 6주가 걸리기도 한다.

아동보호기관/보호당국은 사정 결과와 자료를 기반으로 아동보호와 가족 지원 서비스를 곧바로 제공하거나 다른 기관에 위탁할 것이다. 신고가 때때로 가족에게 무척 유익할 수 있다. 신고를 통해 가족에게 필요한 서비스가 무엇인지 알아볼 수 있기 때문이다.

5. 아이를 얼마나 빨리 집에서 다른 곳으로 옮겨야할까?

아동보호기관/단체는 아이를 안전하게 보호하는 것을 목적으로 삼는다. 가정에서 빼내는 것이 목적은 아니다. 아이의 안전이 굉장히 위협받는다고 판단되면 관계당국은 경찰과 협조하여 아이를 가정에서 빼내려고 할 것이다. 미국에서는 판사가 긴급 신고의 내용을 듣고 아이를 집으로 돌려보낼지 다른 보호처에 머무르게 할지 판결한 후에 48시간이 지나야 아이를 가정에서 데리고 나올 수 있다.

6. 나는 아이와 부모에게 뭐라고 말할까?

여러 요인에 따라 당신이 아이와 부모에게 해줄 말도 달라진다. 당신이 아이와 부모와 맺은 관계와, 아이의 나이, 학대나 방임으로 추정된 행위의 성격에 따라 당신은 조금씩 다르게 말해야한다. 당신은 아이의 안전을 염려하며, 아동학대와 방임을 신고할 의무가 있다고 아이와 부모에게 말하고 싶을 것이다. 부모가 학대로 추정되는 행위에 대해 책임있게 행동하지 않는다면, 당신은 그들에게 아동보호국에 신고하라고 말해줄 수 있다. 그렇게 하면, 당신은 아이를 보호할 기회를 부모에게 주게 된다. (당신이 직접 신고할 수도 있다.) 하지만 당신이 아동보호국에 신고했다고 부모에게 말하는 것은 위험할 수 있다. 특히 부모 가운데 한 명이 학대자로 추정될 때, 그렇다. 당신이 신고했다고 부모에게 알려버리면, 아이는 더 위험해지거나 그 가족이 도망갈 수 있다. 아동보호국에 신고하면, 당신이 부모에게 무슨 말을 했는지 알리고 아이와 가족에 대해 당신이 해야 할 일과 하지 말아야 할 일이 무엇인지 문의하라.

7. 학대를 신고하자니 슬프고 화도 나며 혼란스러워요. 이런 감정은 정상인가요?

당연하다. 아동학대나 방임을 신고하려고 하면 두렵다. 당신은 학대당하는 아이를 보면서 놀라지만, 보고 들은 것을 지나치게 부풀리는 것은 아닌지 의심하기도 한다. 아마 당신은 눈과 귀가 의심스러울 것이다. 누구를 고자질한다는 느낌도 불편할 것이다. 가해자로 추정되는 사람에게 화가 날 수도 있다.

여기 당신이 사용할 지침을 몇 개 소개한다.
- 아이의 안전을 지켜야한다는 사실에 주목하라. 신고했을 때, 당신에게 사용가능했던 정보에 따라 신고했다는 것을 명심하라.
- 해를 당해 마땅하거나 나쁜 대우를 받아도 되는 아이는 없음을 기억하라
- 아동학대와 방임을 잘 아는 사람에게 도와달라고 부탁하라. 그리고 당신이 느낀 감정을 이야기하라. 하지만 아이와 부모에 대한 정보를 말하지 말아야 한다.
- 일기에 생각과 감정을 적어라
- 당신의 가족과 포옹하라
- 친구에게 말하기, 운동하기, 음악듣기, 책읽기 같은 위안이 되는 활동을 하라.
- 평범한 일상에 몰두하라

8. 신고했다. 이제 어떻게 하지?

되도록 빨리 아이와 부모와 예전처럼 지내라. 도와줄 수 있고, 도와주는 것이 적절하다면, 곧바로 도와주라. 아이와 다른 아이들의 안전을 계속 지켜나가라. 가족을 계속 도우면서도 다른 징후가 보이면 신고하라.

9. 아동보호기관/단체가 아무 조치도 취하지 않으면?

관계기관은 당신의 마음만큼 빨리 대응하지 않을 수 있거나, 당신이 바라는 방식대로 대응하지 않기도 한다. 관계기관은 규정대로 일해야 하며 학대나 방임의 증거를 찾아야 조치를 취할 수 있다. 당신은 학대와 방임으로 의심되는 행위를 다시 신고할 수 있다. 다시 신고할 때는 증거를 더 많이 댈 수 있을지 모른다. 그렇게 다시 신고하기 전까지는 아이와 부모 곁에 있어라.

10. 아이가 다른 곳으로 간다면, 그 아이에게 관심을 가질 수 있을까?

학대를 당한 아이를 품에 안고 집으로 데려와 온갖 위험에서 보호하고 싶은 것이 인지상정이다. 아이가 자기 가정에 머물 수 없다면, 관계당국은 아이에게 가장 적합한 거주지를 지정할 것이다. 관계당국은 아이의 안전을 가장 먼저 고려하므로, 가족 구성원이나 가족의 친구와 함께 아이를 위탁가정이나 수용시설에 보내기도 한다. 당신이 아이를 돌보고 싶다고 관계당국에 알릴 수 있다.

아동 성학대 : 각 교파의 선언문과 자료 모음

아래 목록은 아동학대와 성적 학대, 다른 가정폭력을 다루는 웹사이트다. 각 교파에서 운영하는 웹사이트인데, 전체 목록은 아니다. 이 목록에는 3개의 보험회사가 운영하는 사이트도 있다. www.DovesNest.net/LetTheChildrenCome에 가면 웹사이트 목록이 더 보충되어있다.

미국 침례교회
아동을 성적으로 착취하는 문제에 대한 해결책 : www.abc-usa.org/Resources/ABCResources/PolicyStatementsResolutions/tabid/199/Default.aspx

캐나다 성공회
사역자와 자원봉사자를 대상으로 하는 성적 비행 대응책 : www.anglican.ca/about/departments/gso/documents/Sexual-Misconduct-Policy.pdf

캐나다 가톨릭 주교회
고통에서 희망으로 :www.cccb.ca/site/Files/From_Pain_To_Hope.pdf
www.cccb.ca/site/Files/TaskForceGroup_A.pdf

그리스도의 제자 교회
학대를 예방할 때 따라야 할 단계들 : www.discipleshomemissions.org/files/FCM-ChildAbuse.pdf
훈육과 교회의 아동사역 : www.discipleshomemissions.org/files/FCM-DisciplineforChildren.pdf

북미 개혁교회
안전한 교회 사역 : www.crcna.org/safechurch

형제 교회 (Church of the Brethren)
아동보호 : www.brethren.org/site/PageServer?pagename=grow_family_ministries_child_protection

나자렛 교회
아동 안전 보호 지침 : www.nazarene.org/ministries/ssm/children/resources/safety/guidelines/display.aspx

영국 성공회
아동과 청소년을 학대에서 보호하기 위한 정책 모형 : http://download.cpg.org/insurance/publications/pdf/larg_font_model_policies.pdf

미국 복음주의 루터교회
교회에서 일어나는 성적 학대에 대한 대응전략 : www.elca.org/Growing-In-Faith/Vocation/Rostered-Leadership/Leadership-Support/Safe-Place/General-Resources.aspx
안전한 쉼터를 찾으려면 여기로 문의하라 : www2.elca.org/safeplace/

친구들의 모임 (퀘이커) : Friends General Conference (Quaker)
학대예방정책 : www.fgcquaker.org/connect/summer05/child_abuse_policy.htm

루터 교회, 미주리 회의
아동학대 : www.lcms.org/pages/internal.asp?NavID=15823

메노나이트 형제단 (캐나다 협의회)
이사회/간부회는 성적 학대에 어떻게 대응할지 분명히 밝혔다. : www.mbconf.ca/home/products_and_services/resources/publications/mb_herald/mb_herald_april_2009/people_and_events/homepage

캐나다 메노나이트 교회

안전한 교회를 위한 자원봉사자 이력조사 : www.mennonitechurch.ca/
resourcecenter/ResourceView/5/10027
자원봉사자 이력조사를 위한 정책과 절차 지침서 : www.mennon-
itechurch.ca/resourcecenter/ResourceView/5/10018

미국 메노나이트 교회

아이들을 두려움에 빠뜨리지 마라(1997) : www.mcusa-archives.org/
library/resolutions/nooneshallmakethemafraid.html
학대에 반대하는 결의안(1992) : www.gameo.org/encyclopedia/con-
tents/R484.html#A Resolution against Interpersonal Abuse
여성을 향한 남성폭력에 반대하는 결의안(1993) : www.gameo.org/ency-
clopedia/contents/R48647.html
성적 비행에 대응하는 사역자 지침(2000) : www.mennoniteusa.org/
Default.aspx?tabid=241

미국 장로교회

안전한 교회 세우기와, 성적 비행을 알리기 : www.pcusa.org/sexualmis-
conduct/index.htm
여기서 그런 일이 일어나지 않게 합시다! 교회에서 아동학대 예방하기 :
http://safety.synodsun.com/images/PCUSA-policyguide.pdf

남 침례교 협의회

아동학대예방 : www.sbc.net/resolutions/amResolution.asp?ID=1173
180쪽

캐나다 연합교회

성적 학대에 대한 정책과 대응절차 : www.united-church.ca/files/hand-
books/sexualabuse.pdf

유니테리언 보편주의자

균형잡힌 행동과, 교회에서 아동안전을 보장하기 : www.uua.org/leaders/safecongregations/balancingacts/index.shtml

그리스도 연합교회
교회에서 아이의 안전과 보호 : www.ucc.org/justice/children-and-youth/safety-and-protection-of.html

연합감리교회 www.gcfa.org/sexualGenderHMP.html
안전한 성소. 우리 아이와 청소년을 보호하기 : www.safesanctuaries.org/conference_policy/index.html
여성과 아이를 향한 폭력 : http://archives.umc.org/interior.asp?ptid=4&mid=6732

미국 가톨릭 주교단
아이와 청소년 보호 헌장 : www.usccb.org/ocyp/charter.shtml

보험회사
Brotherhood Mutual : www.brotherhoodmutual.com/safetycentral/articles/navart26.htm
Church Mutual : www.churchmutual.com/index.php/choice/risk/page/Ads_abuse/id/35_
Guide one : www.guideone.com/safetyresources/churches/youthindex.htm

부록 4

아동 보호와 학대 대응정책

한국에서 정의하는 학대에 대해서는 부록 10을 보라.

머리말

아이는 하나님이 주신 선물이다. 예수님은 이 땅에서 사역하실 때 아이를 귀하게 여겼다. 우리도 아이가 소중하다고 인정한다. 우리는 교회에서도 아이의 안전을 늘 고려하면서 활동을 하고 시설을 정비할 것이다. 아이를 최대한 안전하게 보호하는 것이 어른들의 책무다.

안타깝게도, 곳곳에서 아동학대가 일어난다. 아동학대는 아이와 가족, 사회까지 망치고 있다. 네브라스카 보건사회복지부의 규정을 보면, 학대를 이렇게 정의한다.

3 가지 학대

1. **신체 학대** : 아이가 우연히 다치지 않았다면, 실수로 다치지 않았다면, 아이는 신체 학대를 당한 것이다.

2. **감정 학대** : 부모가 늘 아이를 비난하거나 늘 거부할 때, 감정 학대를 당한 것이다.

3. **성적 학대** : 성인이 어떤 성적 행위를 하는데 아이를 이용할 때, 성적 학대를 당한 것이다.

   방임도 두 갈래로 정의된다. 부모가 아이에게 기회를 주지 않아 아이가 고통을 당할 때, 아이는 감정적으로 방임당한 것이다. 아이가 사랑과 관심을 받고, 안전하다고 느끼며, 스스로 가치있다고 생각하도록 부모가 배려하지 않을 때, 이런 일이 일어난다.

신체적 방임도 있다. 부모가 기본적 필요나 안전한 거주지를 제공하지 않을 때, 아이는 신체적으로 방임된 것이다. 예를 들어, 옷과 음식이 충분하지 않을 때, 아이가 안전하도록 지켜보지 않을 때, 겨울에도 실내가 추울 때, 아이는 신체적으로 방임된 것이다.[1]

교회안에서 아동학대를 예방하기

아동학대를 잘 알고 대비할 줄 알아야 온갖 아동학대와 방임을 예방하고 가족관계를 견고하게 만들 수 있다. 아래 정책은 주일학교와 청소년 활동, 여름성경학교, 멘토링, 놀이방에 적용되며, 모든 교회 사역에도 똑같이 적용된다. 우리는 다음과 같은 활동을 꾸준히 하려고 합니다.

1. 훈련을 받는다.

ㄱ) 아이를 가르치는 교사와 지도자는 매년 훈련과 교육자료를 받는다. 아동학대를 구체적으로 다룰 것이다. 그리고 아동학대와 관련된 주제를 다룰 수도 있다. 아동의 안전과 발달, 건강한 가족관계, 학대를 일으키는 위험요인과 학대를 막는 보호요인.

ㄴ) 2년에 한번씩 6세부터 18세까지 모든 아이에게 아동학대와 안전에 대해 교육한다. 초등학생에게는 안전한 접촉에 대해, 십대에게는 데이트 폭력에 대해 교육한다. 이 교육은 아이의 나이에 맞아야 한다. 교육자료를 선정하고, 책과 영화, 여러 교육자료를 차단하는 일에 부모도 참여해야한다. 아이를 교육할 때는 부모도 함께 초대될 것이다.

2. 아이의 안전을 고려하여 교회시설을 만들기

ㄱ) 아이나 청소년 사역이 이루어지는 장소에는 반드시 창문을 달아라. (주일학교가 열리는 장소와 목사 직무실)

ㄴ) 물품이 완전히 구비된 구급상자를 교회 건물에 비치하라.

3. 아이의 안전을 고려하면서 적절하게 감독하기

ㄱ) 아이를 돌볼 때 어른이 최소한 두 명이 있어야 한다는 규칙을 따라라. 특히 야간에 아이들이 활동할 때, 집이나 사적 공간에서 활동을 할 때, 이 규칙을 따라라.

ㄴ) 감독하는 어른이 없이 18세나 18세 이하의 청소년이 홀로 아이를 가르치거나 돌보지 말아야한다.

ㄷ) 부모는 미리 공지를 받아야한다. 그리고 부모는 아이가 교회시설에서 다른 곳으로 갈 때 동의를 해야한다.

ㄹ) 때리거나 손바닥으로 치는 신체 훈육을 사용할 수 없다. 아이가 잘못된 행동을 할 때, 어른은 다시 지시하거나 말을 통해 아이의 행동을 지도할 수 있다. 이것이 통하지 않으면, 부모가 다른 조치를 취하도록 아이를 부모에게 데려다주라.

4. 사역자와 자원봉사자의 이력조사에 주목하라

ㄱ) 아이를 가르치는 교사와 리더는 교회의 아동보호와 학대대응정책 자료집을 받아야 한다. 그들에게 자료집을 읽었는지 확인하고 정책을 따를 것인지 물어보아야한다.

ㄴ) 목사와 교회시설관리자를 포함하여 교회 사역자를 임명할 때, 최종 후보자에 대해 아동학대와 성범죄이력, 범죄이력이 있는지 점검해야 한다. 주일학교교사와 청소년 지도자, 보육 담당자도 배경조사를 받아야한다. 배경조사를 할 때, 이들이 지난 20년간 살았던 모든 주를

조사해야한다.

ㄷ) 아이와 청소년을 가르치는 교사나 리더로 임명되기 전에, 적어도 6개
월간 교회에 꾸준히 나와야한다.

5. 가해자와, 학대로 추정되는 행위에 적절하게 대응하기

ㄱ) 아이가 학대당했다고 밝히거나, 아동학대로 추정되는 행위가 일어날
때, 아동보호기관이나 경찰에 즉시 알려라.(국번없이 129 또는 1577-
1391) 신고해야 하는지 분명하지 않다면, 목사와 교회아동보호담당
자, 아동학대를 잘 아는 교회 리더에게 밀하라. 학대가 있었다고 신고
가 들어오면, 목사나 아동보호담당자에게도 곧바로 보고하라. 가해자
로 추정되는 자는 조사가 마무리되기까지 아이와 관련된 모든 활동에
서 제외시켜라. 가해자로 추정되는 자와 접촉한 것으로 보이는 아이
의 부모에게도 48시간 안에 이 사실을 알려라.

ㄴ) 아동학대가 있었다는 신고가 접수되면, 목사는 관련 당사자들을 돌보
라. 혹은 아동보호담당자들은 상담을 받을만한 곳을 관련 당사자에게
소개하라.

ㄷ) 아동성범죄자로 이미 알려진 사람은 감독자가 없이는 아이와 접촉해
서는 안된다. 그는 아이나 청소년 사역에도 참여할 수 없다.

ㄹ) 성범죄자가 교회에 나오며 그가 성범죄자라는 정보가 이미 공개되어
있다면, 아이와 청소년의 부모에게도 이 사실을 알려야한다. 새 가족
이 교회에 왔을 때도, 교회 출석 후 2달 안에는 새 가족에게도 이 사실
을 알려야한다.

지역사회에서 아동학대예방활동

1. 우리는 교회로서 가족에게 실제로 재화와 서비스를 제공하는 자원봉사

활동을 적어도 매년 하나는 한다. (지역사회에서)

2. 우리는 교회로서 가족에게 실제로 재화와 서비스를 제공하는 자원봉사활동을 적어도 매년 하나는 한다. (지역사회 바깥에서도)

교회는 최소한 두 명의 아동보호담당자들을 임명하고, 이들은 이 정책을 실행하고 널리 알린다.

이 책으로 가르치기

이 책을 가지고 부서모임이나 소모임에서 어른에게 아동학대와 방임을 가르쳐라. 이 주제는 무척 민감하므로 여러 요소를 잘 고려해야한다. 누가 가르칠지, 이런 강의를 어떻게 홍보할지, 어디서 강의를 할지, 어떻게 가르칠지 궁리해보라.

이 교재를 가지고 강의를 할 때, 강사나 진행자를 매우 신중하게 선택하라. 정신건강전문가나 적어도 아동학대와 방임을 잘 알고 공감과 갈등관리 기술이 뛰어난 사람을 강사로 정하라. 아동학대와 방임을 논할 때 감정이 고조될 수 밖에 없기에, 강사는 이것을 잘 다스릴 수 있어야한다.

아동학대와 방임에 대한 강의/수업을 한다고 공고할 때, 학대로 추정되는 사건이 일어났기 때문에 이런 수업을 하는 것은 아님을 분명하게 밝혀라. 사람들이 정말 그렇게 생각한다면 아이에게 무슨 일이 일어나지 않더라도 아동학대와 방임을 배워야 함을 강조하라.

강의에 참석하는 가족이나 사람들에게 이 책의 복사본을 주고 내용을 토의하기 전에 미리 읽어오라고 하라. 미리 읽어오면 더 많은 것을 배울 수 있다. 토의하기 전에 내용을 알면 사람들은 아동학대와 방임을 조금은 편안하게 다룰 수 있다. 학대와 방임을 스스로 겪은 사람에게는 미리 내용을 숙지하는 것이 특히 유익하다.

강의 장소를 고를 때도, 특히 아이들이 쉽게 엿들을 수 있는 곳을 피하라. 강의시간에 나눈 내용을 얼마나 공개할지 강의 참석자들과 논의해보라. 교재 내용은 기밀이 아니지만, 참석자들이 함께 나눈 이야기는 기밀이 될 수 있다. 아이는 이 강의에 참석하지 말아야 한다. 그러나 청소년이 참석하는 것을 허용할 때는 신중하게 판단하라.

촛불 기도회 : 기도문

www.DovesNest.net/worship : 시와 기도문을 더 보려면 이 사이트에 가보라.

촛불은 빛과 생명, 치유를 보여준다. 촛불을 밝히면 강의 참석자들은 성스럽고 고유한 분위기에 젖어들 수 있다. 수업할 때마다 8개의 촛불을 사용하라. 3개는 노란색으로 5개는 녹색으로 준비하라. 노란색 3개는 피해자 아이와 학대를 경험했던 성인, 가해자를 나타낸다. 아이를 대표하는 노란색 초는 더 작은 것으로 준비하고 녹색 촛불을 노란색 초 양 옆에 둥글게 놓아라. 학대를 경험했던 성인을 대표하는 노란색 촛불 양 옆으로 녹색 촛불을 놓아라. 세 번째 노란색 촛불은 학대 가해자를 대표한다. 이 촛불을 노란색 초와 녹색 초의 원안에 두되 비스듬히 눕혀라. 피해자 아이와 학대 경험자 성인 녹색 촛불은 모두 다른 공동체 구성원을 나타낸다. 이들은 아마 학대를 직접 체험하지 않았지만 학대를 체험한 자와 함께 공동체를 이루려고 하는 사람들이다. 촛불에는 녹색 담쟁이덩굴을 감아라. 이것은 우리 모두를 감싸는 하나님의 사랑을 나타낸다.

강의할 때마다 촛불을 켜라. 강의 참석자에게 미리 촛불을 켜라고 말하라. 이것은 여러 사람이 하나로 섞일 수 있는 방법이기도 하다. 촛불을 켜면 마음을 한 곳으로 모을 수 있다. 피해자 아이를 대표하는 노란색 촛불을 항상 먼저 켜라. 그리고 학대를 경험했던 성인의 촛불과 가해자 촛불을 차례로 켠다. 마지막으로 녹색 촛불을 켠다. 촛불을 켤 때마다 촛불을 감싼 담쟁이덩굴은 우리를 감싸는 하나님의 사랑을 나타낸다고 말하라.

강의 참석자 가운데 알게 모르게 어릴 때 학대나 방임을 체험한 사람들이 있을 것이다. 이런 사람이 있을 수 있음을 늘 명심해야한다. 이들은 교재내용을 접하고 감정을 드러낼 수 있다. 다소 과하게 어긋나게 감정을 표현할지 모른다. 촛불을 켜면 은밀하게 치유의 분위기가 퍼지면서 이들에게 집중할 수 있다. 강의 참석자가 자신이 겪은 학대와 방임을 나누는 시간이 늘 있는 것은 아니다. 따라서 이들은 과거 경험을 말하지 않더라도 자신들을 위해 촛불을 켰다고 느낄 것이다.

기도문 1

이제 촛불을 밝힙니다.
학대와 방임으로 상처받는 아이들을 떠올립니다
이 자그만 촛불처럼
아이들은 작고
연약하며
　보호를 받아야합니다.

두 번째 촛불을 밝힙니다.
어른과 젊은이를 위해 이미 학대와 방임을 겪은 이들을 위해
이들에게 아직도 상처가 있습니다.
혼란스럽고
화가 납니다.
이들은 나아지고 있습니다.
밖으로 나와

이웃을 돕고자 합니다.

세 번째 촛불을 밝힙니다.
이웃을 학대하고 방임한
사람을 위해 촛불을 밝힙니다.
이 촛불은 우리 아이들의 촛불에서 멀리 있어 안전합니다.
그는 씨름합니다.
어지럽고
화가 납니다.
그는 사랑을 받고
온전해지며
용서받기 원합니다.
그러나 어디서 돌아서야 하는지 모릅니다.

이제 녹색 촛불을 밝힙니다.
남은 우리 모두를 대변하는 촛불입니다.
우리가 사랑하는 사람은
우리에게 상처를 주지 않았으며
알든 모르든 우리가 아이에게 상처를 주지도 않았겠지요
그렇지만 우리 역시 그들과 함께 둘러서 있습니다.
우리는 모두 공동체입니다.

우리를 감싸는 담쟁이덩굴은 하나님의 사랑을 나타냅니다.
하나님의 사랑이 여기 우리 모두에게 다가옵니다.
그 분의 사랑은 우리를 감싸고 둘러싸며 보호합니다.

감사합니다. 주님

기도문 2

주님

오늘 매맞고 상처받으며 죽임을 당한 아이들을 생각합니다. 아이들은 가장 가까운 자들에게 당했습니다. 우리 마음이 아이들에게로 움직입니다.

우리 주변의 아이들. 우리가 매주 보는 아이들은 오늘도 상처를 받고 있을지 모릅니다. 때때로 아이들의 고통 앞에서 눈을 감아버렸음을 고백합니다. …때때로 아이들의 아픔을 들여다보지 않았음을 고백합니다. … 느끼지도 못한 것 같습니다. 주님께 진정으로 용서를 구합니다.

우리 가운데 일부는 이미 학대와 방임을 체험했습니다. 오늘 우리는 이 사실을 시인합니다. 몇 달 전일지도, 몇 년 전일지도, 수 십년 전일지도 모릅니다. 학대는 지나갔지만 고통은 여전히 남습니다. 아무리 잊으려 해도 자꾸 떠오릅니다. 주님. 우리를 고치소서. 우리를 도우사 우리가 다시 믿고 사랑하며 온전해지게 하소서.

우리 가운데 남을 해한 사람도 있습니다. 아이들에게 상처를 준 사람도 있습니다. 때로 고의로, 때로 자기도 모르게. 다르게 행동하는 법을 몰랐던 것 같습니다. 주님. 우리를 도우사 사랑하고 용서하며 온전하게 만들고 약한 이를 보호하게 하소서.

공동체로 모인만큼 우리는 우리 모두에게 마음을 씁니다. 우리는 자주 만나지만 정말 알지는 못합니다. 밖으로 나가 아이를 보호할 수 있도록 힘과 용기, 지혜를 주소서.

주님, 당신이 부어주신 사랑에 감사합니다. 끊어지지도 않고 상처주지도 않는, 그 사랑에 감사합니다. 아멘

기도문 3

희망을 주고 상처를 고치는 하나님
오늘 다말을 생각합니다.

암논이 품은 욕정과 암논의 행동을 생각하면 너무 화가 납니다. 암논은 다말을 사랑하지 않았습니다. 처음부터 끝까지.

오히려 암논은 자기 필요만 생각하고 힘을 얻고 통제하려는 욕망에만 눈이 팔렸습니다.

요나답이 꾸민 사악한 계획에도 화가 납니다.

요나답은 다말을 안중에도 두지 않습니다.

어떤 사람이 친구에게 이렇게 사악한 행동하라고 부치기겠습니까?

우리는 다말을 위해 웁니다. 다말을 아버지에게 순종했습니다. 심지어 가해자를 설득하려고 했습니다. 그것도 두 번씩이나

다말을 보호할 수 있었다면,

강간당한 다말을 도울 수 있었더라면,

다말을 데려와 이야기를 들어줄 수 있었더라면,

다말이 고통으로 씨름할 때 그녀와 함께 걸을 수 있었더라면,

다말을 대신하여 정의를 요구할 수 있었더라면,

얼마나 좋았을까.

우리는 압살롬도 의심스럽습니다.

압살롬이 죄를 범한 배다른 형제에게 분노한 것은 당연합니다.

압살롬은 배다른 형제를 죽이지 말고 고소했어야 했습니다.

압살롬이 다말의 상처에 연고를 바르고
아무 일도 없었다는 듯이 행동하라고 말하지 않았더라면
좋았으련만.

희망을 주고 상처를 고치는 하나님
우리 주위에도 다말이 있습니까?
우리가 매주 마주치는 어린 소녀와 소년을
보호할 방도가 있습니까?
가족에서, 교회에서, 이웃에서, 학교에서
성적 학대를 당한 자를 치유할 방도가 있습니까?

주님
죄인에게 무죄를 선고하고 무죄한 자를 정죄하는 것을 우리도 싫어합니다.[1]
성 범죄자가 자기 행동에 책임을 지도록 할 방법이 있습니까?
성 범죄자가 더 많은 사람을 피해자로 만들지 못하게 막는 방법이 있습니까?
잠재적 가해자가 범죄를 저지르기 전부터 악한 생각과 계획을 오랫동안 품는 것을
저지하는 길이 있습니까?

주님, 우리를 도우사
"자신을 대변하지 못하는 자를 위해 말하고 버려진 자의 권리를 위해 말하게 하소서"[2]
"앞장서 말하고 공정하게 심판하게 하소서"

"가난하고 궁핍한 자의 권리를 지키게 하소서" 3)

예수님의 말씀을 기억하게 하소서

"자매와 형제 가운데 가장 작은 자에게 한 일이 곧 나에게 한 일이다."4)

예수님의 이름을 기도드립니다. 아멘.

기도문 4

우리는 기쁜 마음으로 촛불을 다시 듭니다.

오늘 우리는 아동학대와 방임을 더 많이 배웠습니다.

지금, 이 곳에서, 여러 감정이 교차하고 충돌합니다.

무수한 아이들이 상처를 받았고, 받고 있다고 생각하니 너무나 슬픕니다.

화도 납니다.

아이들을 보호하는 사람이 왜 거기에 없었나요?

아이들을 돌보고, 사랑해줄 사람이 왜 없었나요?

우리와 함께 사는 아이들도 걱정이 됩니다.

안전한가요?

충분히 보호하고 있나요?

그래도, 감사합니다.

우리가 함께 있어서 감사합니다.

학대와 방임이라는 악마를 홀로 대면하지 않아도 되니 감사합니다.

우리의 힘이 점점 강해지니 감사합니다.

우리도 연약한 자를 보호할 수 있습니다.

우리는 홀로 싸우지 않습니다.

하나님
아동방임의 죄가 오늘도 공동체의 아이들을 괴롭히고 있습니다.
가장 필요한 것도 얻지 못한 아이들이 있습니다.
저는 아직 그 아이들이 누군지 모릅니다. 하지만 저의 주변에 있습니다.
그들을 어떻게 찾아낼지 모르겠습니다. 어떻게 도울지도 모르겠습니다.
주여, 도우소서.

신체학대의 죄가 오늘도 공동체의 아이들을 괴롭힙니다.
내 가족안에서, 내 마음속에서, 괴롭힘을 당합니다.
나를 가르치사
올바로 훈육하고, 가르치며
상처주지 않고, 기대한 행동을 전하게 하소서

하나님, 저를 도우사
당신의 길을 가게 하시고
당신이 나를 돌보고 양육하셨듯이
내가 보는 아이들을 모두 돌보고 잘 양육하게 하소서.

감사합니다. 아멘

아동학대와 방임 : 참고 서적

이런 책을 읽거나 아이에게 줄 때, 내용이 적절한지 먼저 확인하라.

Burnett, Frances Hodgson. The Secret Garden. New York: Signet Classics, 2003. (Ages 9-12)

Federico, Julie K. Some Parts Are Not for Sharing. Mustang, OK: Tate Publishing, 2009. (Baby-preschool)

Freeman, Lory. It's My Body: A Book to Teach Young Children How to Resist Uncomfortable Touch. Seattle, WA:Parenting Press, 1984. (Ages 4-8)

Girard, Linda. My Body is Private. Park Ridge, IL: Albert Whitman & Company, 1984. (Ages 4-8)

Hansen, Diane. Those are MY Private Parts. Atlanta : Empowerment Productions, 2004. (Ages 4-8)

Holmes, Margaret M. A Terrible Thing Happened: A Story for Children Who Have Witnessed Violence or Trauma. Washington, DC: Magination Press/American Psychological Association, 2000. (Ages 4-8)

Johnson, Karen. The Trouble with Secrets. Seattle, WA : Parenting Press, 1986. (Ages 4-8)

King, Kimberly. I Said No! A Kid-to-Kid Guide to Keeping Your Private Parts Private. Weaverville, CA: Boulden Publishing, 2008. (Ages 9-12)

Kleven, Sandy. The Right Touch: A Read-Aloud Story to Help Prevent Child Sexual Abuse. Kirkland, WA: Illumination Arts Publishing Company, 1998. (Ages 4-8)

Loftis, Chris. The Words Hurt: Helping Children Cope with Verbal Abuse. Far Hills, NJ: New Horizon Press, 1997. (Ages 4-8)

Ottenweller, Jessie. Please Tell! A Child's Story About Sexual Abuse. Center City, MN: Hazelden Publishing, 1991. (Ages 4-8)

Spelman, Cornelia Maude. Your Body Belongs to You. Morton Grove, IL: Albert Whitman & Company, 2000. (Ages 4-8)

성인 지도자용

『미안하다고 말하기가 그렇게 어려웠나요』, 이훈구, 자음과 모음. 2001

『빈곤방임아동의 야간보호』, 정익중외, 박영사, 2011

『빌리 밀리건』, 대니얼 키스(박현주 역), 황금부엉이, 2007

『아동 성학대의 치료』, 캐스린 쿨본 팰러(노충래 역), 학지사, 2003

『아동학대』, 강동욱 문영희 공저, 청목, 2011

『아동학대 문제 다루기』, 버넨 R. 위혜(박인전 역), 교문사, 2006

『어둠의 아이』, 데이브 펠처(신현승 역), 생각의나무, 2003

『왜 아이들은 낯선 사람을 따라갈까?』, EBS, 지식채널, 2010

『우리들의 행복한 시간』, 공지영, 크레용하우스, 2001

『이름을 잃어버린 아이』, 데이브 펠처(신현승 역), 생각의나무, 2004

『이혼 가정의 아동』, 김유숙 박진희 최지원 공저, 이너북스, 2010

『침묵의 무게』, 헤더 구덴커프(김진영 역), 북캐슬, 2010

『학대받는 아이들』, 이호철, 보리, 2001

『학대아동의 이해』, 문선화외, 양서원, 2010

『학대와 방임피해 아동의 치료』, Anthony J. Urquiza(노충래 역), 학지사, 2003

청소년용

『나는 8살, 카카오밭에서 일해요』, 이와스키 유카(이영미 역), 서해문집, 2009

『내 친구에게 생긴일』, 미라 로베(김세은 역), 크레용하우스, 2001

『누더기 맨』, 로버트 스윈델스(천미나 역), 잭과 콩나무, 2008

『두 친구 이야기』, 안케 드브리스(박정화 역), 양철북, 2005

『레옹의 어린이 권리 이야기』, 아나 그루비(김성희 역), 진선아이, 2011

『벽장 속의 아이』, 오틸리 바이(진민정 역), 아름드리미디어, 2007

『아동수집가』, 자비네 티슬러(권혁준 역), 창해, 2007

『영모가 사라졌다』, 공지희(오상 그림), 비룡소, 2003

『행복, 그게 뭔데?』, 베르트랑 페리에(이선주 역, 조승연 그림), 낮은산, 2007

『행복이 찾아오면 의자를 내주세요』, 미리암 프레슬러(유혜자 역), 사계절, 2006

『해피 버스데이』, 아오키 가즈오(홍성민 역), 문학세계사, 2000

배경조사할 때 자주 묻는 질문

1. 배경조사를 꼭 해야 되나요?

배경조사를 하면, 범죄이력이 있거나 아동학대 가해자인 사람을 확인할 수 있다. 성범죄자도 유죄 선고를 받아야 범죄기록부에 오른다. 그리고 배경조사는 당신이 거주하는 주를 넘지 않으며, 당신이 거주하는 읍이나 군을 거의 대부분 넘지 않을 것이다. 배경조사의 결과가 깨끗하더라도 아동학대 가해자가 얼마나 많이 걸러졌는지 절대 알 수 없을 것이다. 가해자는 배경조사를 통해 자기 과거가 드러날 거라고 알고 있기 때문이다.

2. 나는 누구를 배경조사해야 하나요?

교회에서 일하는 사역자와 자원봉사자를 모두 배경조사하라. 아이와 청소년 사역을 담당하거나 그들과 직접 만나는 사람들을 특히 배경조사하라. 목사와 청소년 리더, 주일학교교사, 시설 관리자, 버스 운전사, 놀이방 담당자도 모두 배경조사를 하라.

3. 배경조사를 할 때, 배경조사를 받는 사람에게 미리 알려야 하나요?

미리 알려라. 배경조사를 실시하려면, 조사를 받는 사람의 생년월일과 출생지, 운전면허증, 주민등록번호가 필요하다.

4. 어떤 절차를 거쳐 배경조사를 하며 비용은 얼마나 드는가?

최소한 아동학대와 방임은 조사하고 싶을 것이다. 어떤 절차와 얼마의 비
용이 필요한지, 어디서 협조를 받을 수 있는지 조사해보자.

5. 나의 거주지에 사는 성범죄자를 어떻게 확인할 수 있는가?

1. 먼저 www.sexoffender.go.kr에 접속한다.
2. 본인 인증을 거쳐서 지도로 사는 지역의 어느 곳에 성범죄자가 분포하
   는 지와 검색 조건에 맞는 성범죄자를 검색하여 확인할 수 있다.

부록 9.

아동학대와 방임에 대한 점검표

당신과 당신의 신앙공동체는 아동학대와 방임을 끝낼만한 준비가 되어있는가?

- 당신의 공동체에서 아동학대와 방임이 일어난다는 것을 알고 있는가? ___
- 온갖 아동학대나 방임과 표시와 징후, 효과를 잘 아는가? ___
- 지역사회서비스를 잘 아는가? ___
- 지역사회서비스에 위탁이나 소개할 수 있는가? : 지역사회서비스의 이름과 주소, 전화번호, 지침, 일하는 시간, 서비스하는 내용, 적법성 기준 ___
- 지역사회서비스에서 일하는 직원을 아는가? ___
- 지역사회서비스에서 초청강사를 초빙하라 ___
- 지역사회서비스를 직접 방문하라 ___

아동학대와 방임을 신고하는 법을 아는가?(전화번호:)

- 학대와 방임이 일어날만한 가정에 대해 위험요인과 보호요인을 아는가? ___
- 지역사회서비스에서 자원봉사를 하는가? 당신 교회에서 자세한 자료를 주는가? ___
- 교회안에서, 지역사회에서, 사회적 지원을 제공하는가? ___

당신의 교회에 아동보호정책이 있는가?

ㄱ) 함께 합의한 문서가 있는가? ＿＿

ㄴ) 아동보호정책을 모두 알고 있는가? ＿＿

ㄷ) 실행되고 있는가? : 아동보호정책을 실행할 책임을 진 사람은 누구인가?
　　＿＿

ㄹ) 교사와 리더는 일년에 한번 아동보호정책에 서명하는가? ＿＿

아동학대 예방과 안전을 교육하고 훈련하는가?

ㄱ) 교사와 리더, 부모는 일년에 한번 교육과 훈련을 받는가? ＿＿

ㄴ) 아이와 청소년도 교육과 훈련을 받는가? ＿＿

ㄷ) 성범죄자로 알려진 사람이 교회에 출석할 때, 대처하는 요령이 마련되어
　　있는가? ＿＿

ㄹ) 모든 교사와 리더에 대해 배경조사를 했는가? ＿＿

ㅁ) 아동학대와 방임에 대해 대응책이 마련되어있는가? ＿＿

ㅂ) 아이들이 있는 곳에는 어른 두 명이 있어야 한다는 규칙이 실행되고 있
　　는가? ＿＿

ㅅ) 교회 시설은 안전한가? ＿＿

- 교회 건물 안과 바깥이 안전한가? ＿＿
- 모임이나 수업을 하는 장소의 문에는 창문이 있는가? ＿＿
- 출입구외에 다른 문이 있는가? ＿＿
- 구급상자가 있는가? ＿＿

부록 10.

아동학대의 정의와 관련 용어(한국)

1. 일반적 정의

보호자를 포함한 성인에 의하여 아동의 건강, 복지를 해치거나 정상적인 발달을 저해할 수 있는 신체적, 정신적, 성적 폭력 또는 가혹행위 및 아동의 보호자에 의하여 이루어지는 유기와 방임.

1) 넓은 의미의 아동학대

아동의 기본적인 욕구에 대한 두드러진 무관심 혹은 의도적인 행동, 또한 예견할 수 있었거나 충분히 피할 수 있었던 상처의 원인이 되는 양육자의 행위

2) 좁은 의미의 아동학대

아동에게 고의적이거나 우발적으로 신체에 상처를 입히는 것으로 부당하게 가하는 신체적 행위

2. 의료적 정의

정서적인 박탈과 태만, 영양부족을 포함한 부적절한 아동양육의 한 부분으로, 아동의 부모를 포함한 보호자 또는 성인이 자신의 신체나 도구를 이용하여 아동에게 신체적, 정서적, 성적 폭력을 가하거나 방임함으로써 아동에게 심각한 해를 입히거나, 아동의 정상적인 성장을 저해하는 것.

3. 법적 정의

개정된 아동복지법은 보호자를 포함한 성인에 의하여 아동의 건강, 복리를 해치거나 정상적 발달을 저해할 수 있는 신체적, 정신적, 성적 폭력 또는 가혹행위 및 아동의 보호자에 의하여 이루어지는 유기와 방임.

4. 사회복지적 정의

-한국아동학대예방협회(1999) : 자기의 보호 또는 감독을 받는 18세 미만의 자에 대한 학대행위

-서울시립아동상담소 : 보호자를 포함한 성인에 의하여 아동의 건강과 복지를 해칠 수 있는 신체적, 정신적으로 가혹한 행위 및 방임과 유기.

※ 학대와 방치를 냉대의 개념으로 함께 설명하기도 하며, "어린이의 잠재되어 있는 발달이 지적, 정서적, 신체적 고통으로 인하여 지체되거나 억압당하게 되는 모든 대우로서, 그것이 소극적이건(정서적, 물질적 요구의 결손), 적극적이건(언어적 학대나 구타) 이것은 냉대라고 볼 수 있다"고 설명.

- 129 : 보건복지 관련 정보제공 및 상담을 위해 보건복지부에서 설치하여 운영하는 보건복지콜센터 전화번호이며, 보건복지콜센터에 아동학대사례가 신고될 경우 보건 복지콜센터 상담원은 보건복지콜센터 홈페이지에 신고내용을 입력한 후 관할지역의 아동보호전문기관으로 이관함
- 1577-1391 : 전국 아동보호전문기관에서 아동학대를 신고받기 위해 설치한 전화로 24시간 동안 운영됨
- 내방신고 : 신고자가 아동보호전문기관에 직접 방문하여 신고하는 방법
- 방임 : 아동의 보호자가 아동을 방임하는 행위(아동복지법 제2조 제4호).

기본적인 의식주를 제공하지 않거나 불결한 환경에 아동을 방치하는 행위, 아동에게 필요한 의료처리를 하지 않거나 학교에 보내지 않는 행위, 아동을 보호하지 않고 버리는 행위 등이 포함됨

- **성학대** : 보호자를 포함한 성인에 의하여 아동의 건강·복지를 해치거나 정상적 발달을 저해할 수 있는 성적 폭력 또는 가혹행위(아동복지법 제2조 제4호)로서, 아동을 대상으로 하는 모든 성적 행위를 뜻함. 성기노출, 신체 및 성기 추행, 성기삽입, 음란물 을 보여주는 행위, 성매매를 시키거나 성매매를 매개하는 행위 등이 포함됨

- **신고의무자** : 아동학대 신고 의무를 가진 자로 신고의무자에는 교원, 의료인, 아동 복지시설 종사자, 장애인복지시설 종사자, 보육시설 종사자, 유치원 종사자, 학원 및 교습소 종사자, 소방구급대원, 성매매 피해지원시설 및 상담소 종사자, 한부모가족 복지상담소 및 복지시설 종사자, 가정폭력상담소 및 피해자보호시설 종사자, 사회복지 전담공무원 등이 포함됨(아동복지법 제26조)

- **신고 접수 (사례)** : 상담 및 신고 목적으로 아동보호전문기관에 접수된 모든 사례

- **신체학대** : 보호자를 포함한 성인이 아동의 건강·복지를 해치거나 정상적 발달을 저해할 수 있는 신체적 폭력 또는 가혹행위(아동복지법 제2조 제4호). 손, 발 또는 도구로 때림, 물건을 던짐, 꼬집거나 물어뜯음, 신체 일부를 강압적으로 압박하거나 아동을 던지는 행위 등이 포함됨정서학대 : 보호자를 포함한 성인에 의하여 아동의 건강·복지를 해치거나 정상적 발달을 저해할 수 있는 정신적 폭력 또는 가혹행위(아동복지법 제2조 제4호). 소리 지름, 무시 또는 모욕, 가정폭력에 노출, 아동에 대한 비현실적인 기대 또는 강요하는 행위 등이 포함됨

- **아동** : 18세 미만의 자(아동복지법 제2조 제1호)

- **아동학대** : 보호자를 포함한 성인에 의하여 아동의 건강 · 복지를 해치거나 정상적 발달을 저해할 수 있는 신체적 · 정신적 · 성적 폭력 또는 가혹행위 및 아동의 보호자에 의하여 이루어지는 유기와 방임(아동복지법 제2조 제4호)

- **아동보호전문기관** : 중앙아동보호전문기관은 아동학대예방사업을 활성화하고 지역 간 연계 체계를 구축하는 역할을 하며, 지역아동보호전문기관은 학대받은 아동의 발견, 보호, 치료에 대한 개입 및 아동학대예방사업을 수행함(아동복지법 제24조)

- **유기**: 아동의 보호자가 아동을 보호하지 않고 버리는 행위(아동복지법 제2조 제4호) *2012년부터는 유기를 방임에 포함하여 집계함

- **인터넷신고** : 신고자가 아동보호전문기관에서 운영하고 있는 홈페이지 및 이메일을 통하여 신고하는 방법

- **중복학대** : 신체학대, 정서학대, 성학대, 방임, 유기 유형의 두 가지 이상 복합적으로 발생한 학대 유형

- **친부모가족** : 적법한 혼인절차에 의한 부모와 부모 사이의 자녀로 구성된 가족 형태 모 · 부자가정 : 부모의 이혼 및 사별 등의 사유로 부와 자녀 또는 모와 자녀로 구성된

- **피해아동** : 아동학대로 인하여 피해를 입은 아동(아동복지법 제3조 제8호, 2012년 8월 5일 시행 예정)

- **학대행위자** : 아동에게 신체적 · 정신적 · 성적 폭력 및 가혹행위를 행하는 보호자 및 성인과 유기 및 방임을 행하는 보호자

가족 형태

- **계부 · 계모** : 재혼을 통하여 맺어진 부 또는 모
- **다문화가족** : 결혼이민자 또는 귀화허가를 받은 자와 출생 시부터 대한

민국 국적을 취득한 자로 이루어진 가족 형태

- **동거(사실혼포함)가정** : 적법한 혼인절차 없이 동일한 주거지에서 생활하는 가족 형태

- **미혼부 · 모가정** : 적법한 혼인절차 없이 자녀를 출산하여 부와 자녀 또는 모와 자녀 로 구성된 가족 형태

- **보호자** : 친권자, 후견인, 아동을 보호 · 양육 · 교육하거나 그 의무가 있는 자 또는 업무 · 고용 등의 관계로 사실상 아동을 보호 · 감독하는 자 (아동복지법 제2조 제3호)

- **소년소녀가정** : 보호자 없이 만 18세 미만의 아동으로만 구성된 가족 형태 가정위탁 : 가정위탁절차를 통해 보호가 필요한 아동을 보호하기에 적합한 가정에 일정기간 위탁하여 보호하는 형태 입양가정 : 입양절차를 통해 양부모-양자의 관계를 맺은 가족 형태

- **시설보호** : 보호조치를 통해 아동복지시설 등에서 보호하는 형태

- **양부 · 양모** : 입양절차를 통해 맺어진 부 또는 모

- **위탁부 · 위탁모** : 가정위탁절차를 통해 맺어진 부 또는 모

- **재혼가정** : 이혼 혹은 사별 이후 혼인관계를 통해 재구성된 가족 형태 친족(친인척)보호가정 : 8촌 이내의 혈족, 4촌 이내의 인척, 별거 및 이혼한 일방의 부 또는 모에게 보호되는 가족 형태

부록 11.

아동보호 전문기관(한국)

중앙아동보호전문기관
- 서울특별시 강남구 논현로66길 19(역삼동) (135-515) 02-558-1391 ncpa@gni.kr

서울
- 강남구, 송파구, 강동구,서초구, 동작구, 관악구: (신고접수 및 아동학대 예방교육) 서울특별시 강남구 광평로34길 124(수서동) (135-220) 02-2040-4242 cps@seoul.go.kr
- 강남구, 송파구, 강동구, 서초구, 동작구, 관악구: (서비스제공 및 아동학대예방교육) 서울특별시 송파구 송이로 32길 6, 5층(문정동) (138-200) 02-474-1391 gangdong@gni.kr
- 성동구, 동대문구, 광진구, 중구, 원구, 중랑구: 서울특별시 동대문구 답십리로 69길 106(장안동) (130-102) 02-2247-1391 dbcps1391@naver.com
- 강서구, 양천구 서울특별시: 강서구 강서로56길 102, 4층(등촌동, 세진빌딩) (157-033) 02-3665-5183 gangseo@gni.kr
- 은평구, 종로구, 강북구: 서울특별시 은평구 연서로65, 2층(역촌동) (122-900) 02-3137-1391~3 1391ep@gni.kr
- 구로구, 금천구, 영등포구: 서울특별시 영등포구 대림로 27가길 5, 4층(대림동, 태안빌딩) (150-815) 02-842-0094 yongdunpo@gni.kr
- 성북구, 도봉구: 서울특별시 성북구 보문로34나길 3, 201호(동선동, 성지관) (136-053) 02- 923-5440 seongbuk@gni.kr
- 마포구, 용산구, 서대문구: 서울특별시 마포구 신수로 46, 401호(신수동) (121-856) 02-422-1391 mapo1391@sc.or.kr

광역시

- 부산 중구, 서구, 동구, 영도구, 부산진구, 남구, 북구, 사하구, 강서구, 사상구: 부산광역시 서구 까치고개로 183(아미동2가) (602-827) 051-240-6300 adong1391@korea.kr
- 부산동부: 연제구, 동래구, 수영구, 해운대구, 금정구, 기장군 부산광역시 연제구 중앙대로 1255, 5층(거제1동) (611-803) 051-507-1391 bsd-child@@childfund.or.kr
- 대구광역시 전역: 대구광역시 중구 태평로 302(동인동3가) (700-423) 053-422-1391 tgchild@childfund.or.kr
- 인천광역시 동구, 서구, 남구, 중구, 남동구, 강화군, 옹진군: (관할지역 사례관리 및 연수구 서비스제공, 아동학대예방교육) 인천광역시 남구 경원대로 899(주안동) (402-848) 032-434-1391 ic1391@sc.or.kr
- 인천광역시 미추홀 연수구: (신고접수 및 현장조사, 아동학대예방교육 미실시) 인천광역시 남구 경원대로 864번길 24(주안동) (402-848) 032-423-1391 hawk1001@korea.kr
- 인천북부 부평구, 계양구: 인천광역시 부평구 경인로 883, 4층(부평동, 재현빌딩) (403-831) 032-515-1391 inchon@gni.kr
- 광주광역시 전역: 광주광역시 서구 내방로 216(쌍촌동) (502-860) 062-385-1391 kjchild@childfund.or.kr
- 대전광역시 전역: 대전광역시 중구 어덕마을로 156(중촌동) (301-840) 042-254-6790 daejon@gni.kr
- 울산광역시 전역: 울산광역시 중구 성안3길 21(성안동) (681-300) 052-245-9382 uschild@sc.or.kr

경기

- 수원시, 용인시, 의왕시, 군포시, 안양시, 과천시: 경기도 수원시 장안구 팔달로225번길 20(영화동) (440-822) 031-245-2448 suwon@gni.kr
- 의정부시, 양주시, 동두천시, 포천시, 연천군: 경기도 의정부시 경의로 60, 3층(의정부동, 금구빌딩) (480-849) 031-874-9100 ui1391@gni.kr
- 성남시, 경기광주시, 양평군, 이천시, 하남시, 여주군: 경기도 성남시 수

정구 성남대로 1306 2층(태평동) (461-190) 031-758-1385 sung-nam@gni.kr

- 경기도 고양시, 파주시: 경기도 고양시 덕양구 중앙로557번길 11, 7층(행신동, 삼정프라자)(412-835) 031-966-1391 goyang@gni.kr
- 경기도 부천시, 시흥시, 김포시, 광명시: 경기도 부천시 소사구 경인로 203, 5층(심곡본동) (422-240) 032-662-2580 gichilld@sc.or.kr
- 안성시, 오산시, 평택시, 화성시: 경기도 화성시 봉담읍 삼천병마로 1334, 4층(봉담읍, 오승빌딩) (445-893) 031-297-6587 hwaseong@gni.kr
- 구리시, 남양주시, 가평군: 경기도 남양주시 홍유릉로248번길 39, 204호 (금곡동, 다남빌딩) (472-809) 031-592-9818 nyj1391@hanmail.net
- 안산시: 경기도 안산시 단원구 광덕4로 112, 203호(고잔동, 슈마프라자) (425-020) 031-402-0442 anchild@sc.or.kr

강원

- 강원도 춘천시, 화천군, 홍천군, 양구군, 철원군, 평창군, 횡성군, 영월군, 인제군: 강원도 춘천시 성심로47번길 35(후평1동) (200-933) 033-244-1391 kwchild@childfund.or.kr
- 강원동부 강릉시, 동해시, 삼척시, 속초시, 태백시, 고성군, 양양군, 정선군: 강원도 동해시 천곡로 50, 4층(천곡동, 삼성빌딩) (240-810) 033-535-6350 i1391@hanmail.net
- 원주시: 강원도 원주시 남원로469번길 7(명륜동) (220-948) 033-766-1391~3 wonju@gni.kr

충청도

- 청주시, 청원군, 증평군, 진천군, 괴산군, 음성군: 충청북도 청주시 상당구 율봉로202번길 66-1(율량동) (360-819) 043-217-1391 chungbuk1391@hanmail.net
- 제천시, 충주시, 단양군: 충청북도 제천시 의림대로 242, 4층(청전동, 종합보건복지센터) (390-897) 043) 643-0943~4 sos1391@gmail.com
- 옥천군, 영동군, 보은군: 충청북도 옥천군 옥천읍 문정1길 19(옥천읍) (300-809) 043-731-3686 cbnb1391@naver.com

- 세종특별자치시, 천안시, 공주시, 아산시, 서산시, 당진시, 예산군, 태안군, 청양군, 홍성군: 충청남도 천안시 서북구 백석로 224(성정동) (330-170) 041-578-2655 chonan@gni.kr
- 논산시, 보령시, 계룡시, 서천군, 금산군, 부여군: 충청남도 논산시 중앙로 410번 길 25, 2층(취암동) (320-803) 043-734-6640 boryeong@gni.kr

전라도

- 전북 전주시, 완주군, 정읍시, 진안군, 고창군: 전라북도 전주시 완산구 팔달로 77(서서학동) (560-815) 063-283-1391~2 jeonju@gni.kr
- 전북 익산시, 군산시, 김제시, 부안군: 전라북도 익산시 인북로 377(신동) (570-976) 063-852-1391 iksan@gni.kr
- 전북 남원시, 순창군, 임실군, 무주시, 장수군: 전라북도 남원시 향단로 57(하정동) (590-050) 063-635-1391 namwon@gni.kr
- 전남 순천시, 여수시, 광양군, 보성군, 고흥군, 구례군, 곡성군: 전라남도 순천시 삼산로 92-5(용당동) (540-958) 061-753-5125 jnchild@child-fund.or.kr
- 전남 목포시, 해남군, 영암군, 무안군, 완도군, 진도군, 신안군, 무안군: 전라남도 목포시 영산로 635, 3층(석현동) (530-830) 061-285-1391 mokpo@gni.kr
- 전남나주시, 담양군, 화순군, 장흥군, 강진군, 함평군, 영광군, 장성군: 전라남도 나주시 예향로 4073, 2층(송월동) (520-130) 061-332-1391 jeonnamjoongbu@gni.kr

경상도

- 경북 경주시, 경산시, 영천시, 문경시, 군위군, 의성군, 청도군: 경상북도 경주시 금성로395번길 24(성건동) (780-945) 054-745-1391 abuse119@hanmail.net
- 경북 안동시, 영주시, 영양군, 예천군, 봉화군: 경상북도 안동시 밤적골길 20(율세동) (760-070) 054-853-1391 love1391@hanmail.net
- 경북 포항시, 영덕군, 울진군, 청송군, 울릉군: 경상북도 포항시 남구 대

이로95번길 6-4, 3층(대잠동) (790-825) 054-284-1391 pohang@gni.kr
- 경북 구미시, 김천시, 상주시, 칠곡군, 성주군, 고령군: 경상북도 구미시 문장로 110(도량동) (730-909) 054-455-1391 gumi1391@hanmail.net
- 경남 창원시, 밀양시, 양산시, 김해시, 거제시, 통영시, 고성군, 함안군, 합천군, 의령군, 창녕군: 경상남도 창원시 마산회원구 무학로 558(회원동) (630-823) 055-244-1391 kn1391@hanmail.net
- 경남 진주시, 사천시, 하동군, 남해군, 거창군, 함양군, 산청군: 경상남도 진주시 모덕로 181번길 6(상대동) (660-320) 055-757-1391 knw1391@daum.net

제주특별자치도
- 제주시 원노형로 59(노형동) (690-802) 064-712-1391 jjchild@child-fund.or.kr
- 서귀포시: 제주특별자치도 서귀포시 일주동로 8731, 2층(서귀동) (697-812) 064-732-1391,2 sgp-adong@hanmail.net

부록 12.

아동학대사례 업무진행도(한국)

출처:중앙아동보호전문기관

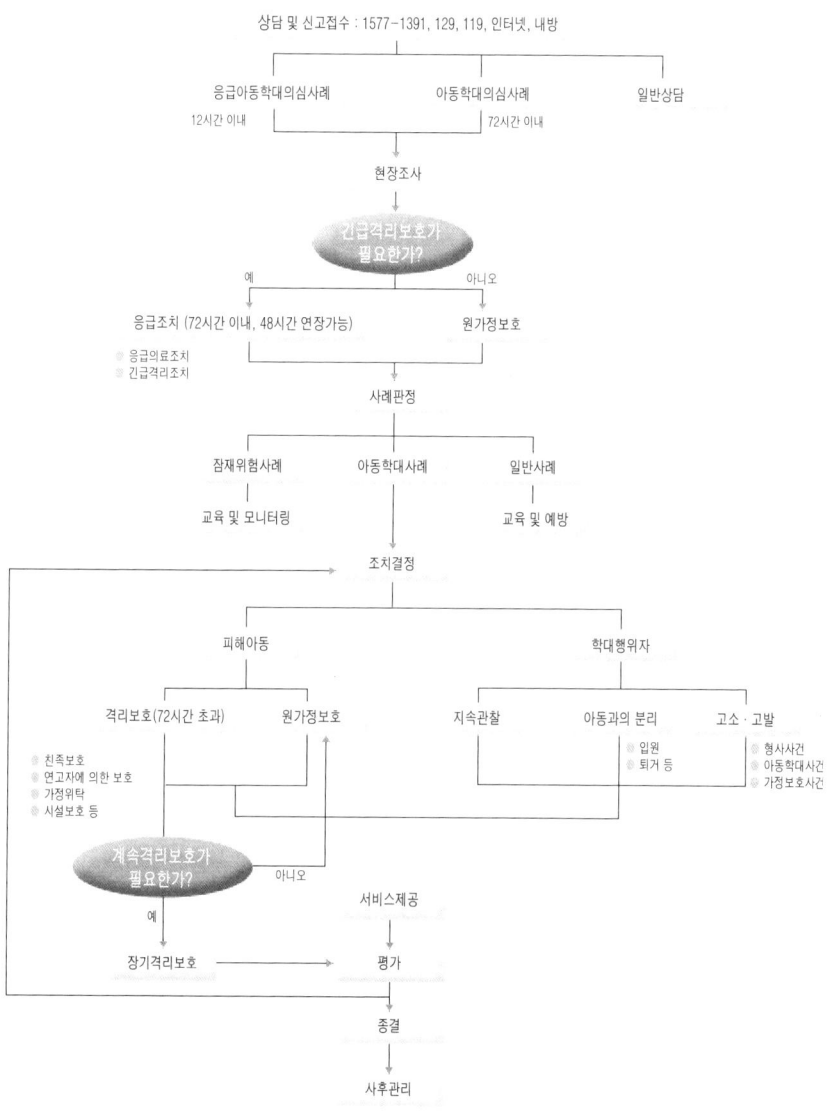

아동학대방지 관련 나이트(한국)

출처:굿네이버스 아동학대문제연구소

국내 기관

굿네이버스 중앙아동보호전문기관 : http://www.korea1391.org

보건복지콜센터 : http://www.129.go.kr

부산광역시아동종합보호센터 : http://adong.busan.go.kr

부산여성회 아동상담소 : http://kid.busanwomen.or.kr

서울시립동부아동상담소 : http://sp.dbnawoori.seoul.kr/

서울시아동복지센터 : http://child.seoul.go.kr

세이브더칠드런 : http://sc.or.kr

아동학대신고상담센터 : http://www.childabuse.or.kr

한국복지재단 : http://www.kwf.or.kr

한국장애아동인권연구회 : http://www.kdcr.org

해바라기아동센터 : http://www.child1375.or.kr

해외 기관

ACF(The Administration for Child
and Families) : http://www.acf.hhs.gov

APSAC(American Professional Society
on the Abuse of Children) : http://apsac.fmhi.usf.edu

ATSA(Association for Treatment of
Sexual Abusers) : http://www.atsa.com

CAPA(Child Abuse Prevention
Association) : http://www.childabuseprevention.org

Childabuse.com : http://www.childabuse.com

ChildHelp : http://www.childhelpusa.org

Children's Bureau : http://www.acf.hhs.gov/programs/cb/

childwelfare.com : http://www.childwelfare.com

darkness to light : http://www.darkness2light.org

ISPCAN(International Society for Prev

ention of Child Abuse and Neglect)：http://www.ispcan.org
Kempe Children's Center：http://kempecenter.org
MINCAVA(Minnesota Center Against
Violence and Abuse)：http://www.mincava.umn.edu
NCCANCI(National Clearinghouse on
Child Abuse and Neglect Information)：http://nccanch.acf.hhs.gov
NDACAN(National Data Archive on
Child Abuse and Neglect)：http://www.ndacan.cornell.edu
NSPCC(The National Society for the
Prevention of Cruelty to Children)：http://www.nspcc.org.uk
Prevent Child Abuse America：http://www.preventchildabuse.org
Stop It Now!：http://www.stopitnow.com
The Child Abuse Prevention Network：http://child-abuse.com
ACA(Against Child Abuse) 홍콩：http://www.aca.org.hk
子どもの虐待防止センター(일본아동학대방지센터)：http://www.ccap.or.jp

학회 및 협회
한국놀이치료학회：http://www.playtherapykorea.or.kr
한국사회복지정책학회：http://www.kpolicy.or.kr
한국사회복지학회：http://www.kasw.org
한국아동권리학회：http://www.kccr.or.kr
한국아동복지학회：http://www.childwelfare.or.kr
한국아동심리재활학회：http://playtherapy.or.kr
한국아동학회：http://www.childkorea.or.kr
한국사회복지사협회：http://kasw.or.kr

유관기관
국가청소년위원회：http://youth.go.kr
꼬마안전짱：http://ccoma.redcross.ac.kr
보건복지부：http://www.mohw.go.kr
복지나눔터：http://www.bokji.co.kr
복지넷：http://www.bokji.net
부스러기사랑나눔회：http://www.busrugy.or.kr
사회복지공동모금회：http://www.chest.or.kr

실종아동전문기관 : http://www.missingchild.or.kr
아이들과 미래 : http://kidsfuture.net
여성가족부 : http://www.mogef.go.kr
원광아동상담센터 : http://www.childcounsel.co.kr
인구보건복지협회 사이버상담실 : http://www.yline.re.kr
인권운동사랑방 : http://www.sarangbang.or.kr
중앙보육정보센터 : http://www.educare.or.kr
중앙응급의료센터 : http://www.nemc.go.kr
한국보건사회연구원 : http://www.kihasa.re.kr
한국사회복지협의회 : http://www.kncsw.or.kr
한국아동단체협의회 : http://www.kocconet.or.kr
한국아동복지연합회 : http://www.kfcw.or.kr
한국청소년개발원 : http://www.youthnet.re.kr

더 읽을거리와 관련 단체

Abuse: Response and Prevention. A Guide for Church Leaders. Mennonite Central Committee (MCC), 2008. See www.mennonitechurch.ca/resource-centre/ResourceView/2/10780.

Bless Our Children: Preventing Sexual Abuse. Faith Trust Institute, 1993. DVD. www.faithtrustinstitute.org/store/01tA0000000M7rkIAC.

Child Maltreatment 2008. Child Welfare Information Gateway. United States Department of Health and Human Services, Administration on Children's Bureau, 2010. www.childwelfare.gov.

Child Poverty in Perspective: An Overview of Child Well-Being in Rich Countries, *UNICEF, Innocenti Research Centre, Report Card 7,* 2007. www.unicef-irc.org/publications/pdf/rc7_eng.pdf.

Circle of Grace, Archdiocese of Omaha. http://protestant.cograce.org.

Convention on the Rights of the Child, *Office of the United Nations High Commissioner for Human Rights,* 1989. General Assembly resolution 44/25. www2.ohchr.org/english/law/crc.htm.

Cunningham, Alison, and Linda Baker. *Little Eyes, Little Ears: How Violence Against a Mother Shapes Children as They Grow.* The Center for Children and Families in the Justice System, National Clearinghouse on Family Violence, Public Health Agency of Canada, 2007. www.lfcc.on.ca/little_eyes_little_ears.pdf

"Dealing with Child Abuse." "Close to Home." Scottdale, PA: Faith & Life Resources, n.d. See http://store.mpn.net/productdetails.cfm?PC=666.

Hear Their Cries: Religious Responses to Christian Homes and Churches. Faith Trust Institute, n.d. "DVD" See www.faithtrustinstitute.org/store/01tA0000000M7rjIAC.

Heggen, Carolyn H. *Sexual Abuse in Christian Homes and Churches.* Scottdale,

PA: Herald Press, 1993.

Hille, Sue. "The rod of guidance." *SCAN Advocate*, 1985. www.faithtrustinstitute.org.

Melton, Joy Thornburg. *Safe Sanctuaries for Children and Youth: Reducing the Risk of Abuse in the Church*. Nashville: Discipleship Resources, 2004. www.safesanctuaries.org.

Melton, Joy Thornburg. *Safe Sanctuaries for Ministries: Reducing the Risk of Abuse in the Church*. Nashville: Discipleship Resources, 2009. www.safesanctuaries.org.

Miller, Melissa A. *Family Violence: The Compassionate Church Responds*. Scottdale, PA: Herald Press, 1994.

Moccia, Patricia and David Anthony, eds. *The State of the World's Children*, UNICEF, 2009, www.unicef.org/rightsite/sowc/pdfs/SOWC_Spec%20Ed_CRC_Main%20Report_EN_090409.PDF.

O' Neill, Erin M. O., Stephanie Huckins, Jodi Gabel, and Jeanette Harder. "Prevention of Child Abuse and Neglect Through Church and Social Service Collaboration," *Social Work & Christianity*, forthcoming.

Reid, Kathy Goering. *Preventing ChildSexual Abuse: A Curriculum for Children Ages Five Through Eight*. Nashville, TN: Pilgrim Press, 1994.

Reid, Kathy Goering. *Preventing ChildSexual Abuse: A Curriculum for Children Ages Nine Through Twelve*. *Nashville*, OH: Pilgrim Press, 1990.

Swagman, Beth. *Preventing Child Abuse*. Grand Rapids, MI: CRC Publications, 1997. www.crcna.org/safechurch.

Trocme, Nico, Barbara Fallon, Bruce MacLaurin, Joanne Daciuk, Caroline Felstiner, Tara Black, Lil Tonmyr, Cindy Blackstock, Ken Barter, Daniel Turcotte, and Richard Cloutier. *Canadian Incidence Study of Reported Child Abuse and Neglect-2003 (CIS-2003)*. Minister of Public Works and Government Services Canada, 2005. http://origin.phac-aspc.gc.ca/ncfv-cnivf.

World Perspectives on Child Abuse; An International Resource Book, 8th ed. International Society for Prevention of Child Abuse and Neglect, 2008. www.ispcan.org/wp/index.htm.

관련단체

www.DovesNest.net/LetTheChildrenCome에 가면 웹 사이트 목록이 더 있다.

Anabaptist Disabilities Network: www.adnetonline.org

Canadian Child Welfare Research Portal: www.cecw-cepb.ca

Child Welfare Information Gateway: www.childwelfare.gov

Child Welfare League of America: www.cwla.org

Circle of Support and Accountability: in the United States, http://peace.fresno.edu/cosa; in Canada, http://alberta.mcc.org/programs/rjm/cosa

Court Appointed Special Advocates (CASA): www.nationalcasa.org

Darkness to Light: www.darknesstolight.org

The Dove's Nest Collaborative: www.DovesNest.net

Faith Trust Institute: www.faithtrustinstitute.org

FRIENDS, National Resource Center for Child Abuse Prevention: www.friends-nrc.org

Healthy Families America : www.healthyfamiliesamerica.org

Mennonite Central Committee: http://abuse.mcc.org/abuse/en/child

National Children' Alliance (Children's Advocacy Centers): www.nationalchildrensalliance.org

National Clearinghouse on Family Violence, Public Health Agency of Canada: www.phac-aspc.gc.ca/ncfv-cnivf

National Exchange Club Foundation: www.preventchildabuse.com

One Childhood Consulting: http://onechildhoodconsulting.com

Parents Anonymous: www.parentsanonymous.org

Prevent Child Abuse America: www.preventchildabuse.org

Religion and Violence eLearning (RAVE): www.theraveproject.org

Safe Sanctuaries: www.safesanctuaries.org

Statistics Canada : www.statcan.gc.ca
Tamar' s Voice: www.tamarsvoice.org
VIRTUS Online: www.virtus.org/virtus